73-81

1, 20, 5, 4, 3

11-12-13

1- 45 46 47 48 49
    50 53 54

2- 45 46 47 48 49
    51 53 54

3- 45 46 47 48 49
   52 53 54

4- répétition

5- répétition

consolation
désolation
spiritual fruit

Exercices Spirituels

IGNACE DE LOYOLA

Exercices Spirituels

Traduction du texte Autographe
par Edouard Gueydan s.j.
en collaboration

**

COLLECTION CHRISTUS N° 61
Textes

DESCLÉE DE BROUWER
BELLARMIN

Comité de rédaction

Dominique Bertrand s.j. - Maurice Giuliani s.j.
Edouard Gueydan s.j. - Antoine Lauras s.j.
Claude Viard s.j.

ont collaboré à la traduction du texte

Sr Nicole Bensimon r.c. (La Louvesc)
Georges Bottereau s.j. † (Rome)
Cándido de Dalmases s.j. (Rome)
Pierre Emonet s.j. (Genève)
Jean-Marie Glorieux s.j. (Namur)
Henri Laux s.j. (Paris) - Jacques Lewis s.j. (Québec)
Mark Rotsaert s.j. (Bruxelles)
Jacques Rouwez s.j. (Bruxelles)
Manuel Ruiz-Jurado s.j. (Rome)
Sr Monique Verhecke (Louvain-la-Neuve)

Imprimi potest Paris, le 19 novembre 1985
                Jacques Gellard, s.j.
Imprimatur Paris, le 29 novembre 1985
                Mgr E. Berrar, v.é.

INTRODUCTION

Le 25 mars 1522, Iñigo de Loyola, faisant route vers la Terre Sainte, arriva à Manrèse, petite bourgade de Catalogne, proche de Barcelone. Il était âgé de trente-et-un ans. Cette simple halte devint pour lui, pendant près d'une année, le haut-lieu d'une expérience spirituelle dont les différentes étapes sont à l'origine des *Exercices*. Avant de reprendre la route, Ignace avait noté dans un cahier certaines choses qui pourraient permettre à d'autres, par la suite, de profiter et de refaire, avec la grâce de Dieu, sa propre expérience. Au cours des années qui suivirent, il ne cessa de reprendre et de compléter ces notes, rédigées en espagnol, jusqu'à leur donner à Rome, environ vingt ans plus tard, la forme achevée que nous leur connaissons actuellement.

C'est vers 1544, en effet, que saint Ignace, devenu Supérieur Général de la Compagnie, fit recopier, sans doute pour la dernière fois, son propre texte des Exercices. Il relut le manuscrit ainsi obtenu et y apporta de sa main plus de trente corrections; d'où le nom d'*Autographe* (A) que l'on a donné à ce petit cahier de soixante-quatre feuillets qui se trouve aujourd'hui dans les archives de la Compagnie de Jésus à Rome[1].

II. STYLE ET VOCABULAIRE DE L'AUTOGRAPHE

Il n'est jamais facile de porter un jugement sur un texte qui a été rédigé à une époque de transition culturelle et littéraire. C'est le cas des *Exercices*. On situe en effet le début de l'ère classique de la littérature espagnole aux environs de 1525. C'est sans doute l'une des raisons pour lesquelles le texte de l'*Autographe* est souvent d'un abord difficile et que le sens exact de certains mots ou de certaines expressions fait, aujourd'hui encore, l'objet de discussions entre linguistes.

Saint Ignace n'écrit d'ailleurs pas un ouvrage de spiritualité pour le public. Songeant à ceux qui donneront les Exercices, il rédige à leur intention ce que nous appellerions aujourd'hui le livre du maître. Le style est didactique, sobre et nuancé, mais dépourvu de recherche littéraire. A ce sujet, on peut noter que les corrections qu'Ignace a faites sur le texte de

---

1. L'histoire de la composition des *Exercices Spirituels* a fait l'objet, ces dernières années, de recherches très minutieuses. Voir à ce sujet : « Histoire de la rédaction des Exercices Spirituels - 1522-1548 » par C. de Dalmases s.j. dans *Texte autographe des Exercices Spirituels et Documents contemporains (1526-1615) (*)*, p. 35.

l'*Autographe* ne portent pas sur le style de la phrase, l'orthographe du secrétaire, l'emploi de certains mots archaïques, etc. Ses préoccupations étaient de toute évidence ailleurs. On ne s'étonnera donc pas que les *Exercices Spirituels* ne se présentent pas comme un texte au vocabulaire absolument précis et rigoureux, même si on y trouve des termes techniques empruntés à la philosophie ou à la théologie de l'époque ou qui sont propres à l'auteur.

Mais la valeur littéraire d'un ouvrage se juge-t-elle exclusivement sur le style et le vocabulaire ? Les spécialistes de l'analyse structurale et de la sémiologie[2] ne le pensent pas. Ne tenant pas compte de certaines imperfections dans l'usage du vocabulaire où dans la construction de la phrase, qui font souvent considérer Ignace comme un médiocre écrivain, ils lui reconnaissent, quant à eux, le rare talent de créer de nouveaux signes communicatifs du langage et tiennent les *Exercices*, de ce point de vue en tout cas, pour une authentique œuvre littéraire.

On peut ajouter enfin que les *Exercices* relèvent, pour une assez large part, du style propre au discours oral. On y trouve de longues phrases dont les subordonnées, elles-mêmes coupées d'incises, se succèdent parfois en cascade (cf. 291), de nombreuses expressions binaires (cf. *crescido y yntenso* (55,4), *examinar y probar* (342,2), etc. Aussi est-ce en lisant

---

2. Ainsi Roland Barthes dans sa préface aux *Exercices Spirituels* traduits par Jean Ristat (UGE, Paris 1972) et Giuseppe de Gennaro, dans *Testo-Riforma* (Giannini, Naples 1979).

le texte à voix haute que l'on parvient le mieux à saisir ses nuances et le mouvement qui sous-tend des phrases privées souvent de toute ponctuation.

Destinés à être transmis de vive voix, les *Exercices* sont rédigés dans un style éminemment « communicatif »; ils se présentent finalement davantage comme un texte « dit » que comme un texte « écrit ».

III. LES TRADUCTIONS PRÉCÉDENTES

Le texte espagnol des *Exercices* connut du vivant de saint Ignace († 1556) deux traductions latines : la *Versio Prima (P1)* de 1541, légèrement corrigée en 1547 *(P2)*, et la *Vulgate (V)*, de 1547 également, dont on fit une traduction italienne en 1555.

La *Versio Prima*, traduction faite probablement par saint Ignace lui-même, du moins en grande partie, suit de très près la rédaction espagnole telle qu'on la trouve dans le manuscrit de l'*Autographe*. La phrase latine est claire, mais sans élégance. La *Vulgate*, en revanche, œuvre de l'humaniste André des Freux (Frusius), se distingue par la qualité de son style. Elle prend inévitablement, de ce fait, certaines libertés à l'égard de l'*Autographe*.

Ces deux traductions furent soumises, en 1547, au Saint-Siège qui les approuva et leur accorda, à chacune, l'imprimatur. Ignace voulait ainsi mettre les *Exercices* à l'abri des attaques dont ils étaient l'objet de la part de certains théologiens d'alors. L'année suivante, il fit imprimer la *Vulgate* à cinq cents exemplaires. L'édition s'ouvrait sur une Lettre du pape Paul III, datée du 31 juillet 1548, qui approuvait et louait les *Exercices Spirituels* et les recommandait à tous les fidèles. Dès lors, la *Vulgate* se répandit dans toutes les Provinces de la Compagnie de Jésus[3] et fut considérée, pendant trois siècles, comme le texte officiel des *Exercices*. Pendant la même période, on n'en fit pas moins d'une dizaine de traductions en français.

L'*Autographe* fut publié à Rome, pour la première fois, en 1615[4]. Le fait qu'il s'agissait d'un texte espagnol en limita la diffusion à l'Espagne et à l'Amérique hispanique. Après le rétablissement de l'Ordre (1814), le P. Jean Roothaan voulut, dès le début de son généralat (1828-1853), remettre les *Exercices Spirituels* de saint Ignace en honneur. Philologue averti, il apprit l'espagnol pour les lire dans leur langue originale. Frappé par la qualité du texte qu'il découvrait, remarquant d'assez nombreuses différences entre celui-ci et la *Vulgate*, il entreprit de faire une nouvelle traduction latine de l'*Autographe*. Elle parut pour la première fois en 1835 et reçut sa forme définitive en 1854. Ce travail, complété par de nombreuses notes qui ouvraient la voie à une

---

3. Elle ne connut pas moins de treize éditions au XVIe siècle (Rome, Coïmbre, Vienne, Burgos, Rome, Dillingen, Vilno, Douai, Séville, Toulouse, Rome, Amakusa Shima [une île du Japon] et Valence).

4. Il fut édité huit fois avant la suppression de la Compagnie (Rome, Hispali, Manille, Séville, Puebla (Mexique), Valence, Séville et Manille) et dix fois au XIXe siècle. Cf. *Ex. Sp.* 721 ss.

étude critique des textes, connut immédiatement un très large succès.

Ainsi remis en valeur, l'*Autographe* fit bientôt l'objet de nombreuses traductions dans les principales langues européennes. En France, le P. Pierre Jennesseaux en fut le premier traducteur. Son ouvrage, accompagné des notes du P. Roothaan, parut à Paris en 1854; il fit autorité pendant près d'un siècle et connut vingt-trois éditions, dont la dernière date de 1948. D'autres traductions parurent ensuite : celle du P. Paul Debuchy (1910), celle du P. Paul Doncœur (1939), celle du P. Henri Pinard de la Boullaye (1953), qui reprit et corrigea la traduction du P. Jennesseaux, celle du P. François Courel (1960), qui fut diffusée à près de 60 000 exemplaires, celle enfin de Jean Ristat (1972), préfacée par Roland Barthes.

La *Versio Prima 2* fut publiée pour la première fois en 1919 par le P. Codina, dans les MHSI.

IV. LA PRÉSENTE TRADUCTION

1. Le choix de l'Autographe

Comme nous venons de le voir, saint Ignace nous a laissé trois manuscrits des *Exercices* : l'*Autographe*, la *Versio Prima* et la *Vulgate*. La question se pose donc de savoir lequel de ces textes exprime avec le plus de fidélité la pensée de l'auteur, puisque ce dernier n'a jamais manifesté, que nous sachions, de préférence pour l'un ou l'autre d'entre eux. Chacun de ces textes présente d'ailleurs un réel intérêt et, comme nous le dirons plus loin, complète sur certains points les deux autres.

Entre l'*Autographe* et la *Versio Prima*, sa traduction latine, notre préférence va à l'original. Ceci d'autant plus que saint Ignace a fait recopier avec grand soin l'*Autographe* en 1544, alors que cette traduction avait été établie trois années auparavant. Il est donc clair que, pour saint Ignace, le texte espagnol, à cette époque, n'avait pas perdu de son intérêt.

Restent l'*Autographe* et la *Vulgate*. Pour opter en faveur de cette dernière, qui en de nombreux points s'écarte du texte espagnol, il faudrait établir que, pour saint Ignace, la traduction du P. des Freux marque vraiment, par rapport aux deux autres textes, un progrès dans l'expression de sa pensée. Or, dans l'état actuel de nos connaissances, une telle preuve ne semble pas pouvoir être faite. Mis à part quelques rares passages où la *Vulgate* apporte un complément explicite à l'*Autographe* et à la *Versio Prima*, il est difficile de dire si les nombreuses variantes de la *Vulgate* correspondent à une reformulation intentionnelle de la pensée d'Ignace ou s'il faut simplement les attribuer au traducteur.

Le fait que la *Vulgate* ait été choisie pour l'impression ne nous éclaire pas davantage sur ce point. Nous ignorons en effet les motifs qui ont déterminé ce choix fait entre deux textes revêtus de l'imprimatur, la *Vulgate* et la *Versio Prima*, et dont le second suit presque mot à mot l'*Autographe*. S'agissait-il, comme on le pense généralement, de privilégier la *Vulgate* en raison de ses qualités littéraires, ou bien, s'agissait-il de publier le texte où saint Ignace se serait entièrement reconnu ? Aucun document ne permet de répondre à cette question.

Le P. Ribadeneira, il est vrai, pensait que la *Vulgate* avait été traduite, non pas à partir de l'*Autographe*, mais à partir d'un texte espagnol postérieur. S'il en avait été ainsi, ce texte aurait été considéré comme exprimant le dernier état de la pensée d'Ignace sur les *Exercices*. Mais, hormis le P. Ribadeneira, personne ne mentionne un tel texte ; lui-même d'ailleurs reconnaît implicitement ne l'avoir jamais vu. Il s'agit donc d'une hypothèse dont le P. de Dalmases[5] a démontré qu'elle ne reposait sur aucun fondement solide.

Comparé aux deux traductions latines du texte des *Exercices*, l'*Autographe* espagnol, dont les couches rédactionnelles remontent à Manrèse, apparaît donc comme celui qui nous livre le plus sûrement, dans son ensemble, la pensée d'Ignace.

Deux documents anciens confirment d'ailleurs notre choix. D'une part, le P. Nadal fit recopier, sans doute pour son propre usage, le texte de l'*Autographe* en 1560[6], donc bien après la publication de la *Vulgate*. D'autre part, la préface de l'édition de la

---

5. *Cf. Texte autographe des Exercices Spirituels et Documents contemporains (1526-1615) (*)*, p. 30.
6. *Ibid.*, p. 21.

Vulgate de 1596 nous apprend que la Ve Congréga-
tion Générale (1593) avait désigné une commission pour
réviser et corriger le texte du P. des Freux à partir de
l'*Autographe*. Celui-ci était donc considéré, officiellement,
moins de cinquante ans après la mort d'Ignace, comme le
texte normatif des *Exercices*[7].

Si donc nous avons retraduit l'*Autographe*, à la
suite du P. Courel et de bien d'autres, il n'en reste
pas moins que la connaissance des deux traductions
latines nous semble nécessaire pour saisir toute la
richesse des *Exercices Spirituels*. La *Vulgate*, parce
qu'elle contient quelques éléments originaux dont il
est difficile de penser que le P. des Freux les ait
introduits de sa propre autorité. La *Versio Prima*,
parce qu'elle constitue, d'une certaine manière, par
le choix des mots et la formulation de certains passages, une première interprétation du texte espagnol
faite par l'auteur lui-même. Aussi est-il à souhaiter
que nous puissions disposer bientôt d'une traduction de la *Versio Prima*, comme nous venons d'en
avoir une de la *Vulgate*, grâce au P. Jean-Claude
Guy[8].

2. *Quelques particularités de cette traduction*

Cette traduction est le fruit d'un travail en
équipe, mené par une quinzaine de collaborateurs
de langue française et espagnole. Les observations

---

7. *Cf. Texte autographe des Exercices Spirituels et Documents contemporains (1526-1615) (*)*, p. 18.
8. *Exercices Spirituels - Texte définitif (1548)*, Éd. du Seuil, 1982.

faites par chacun d'eux, à partir d'un premier projet de traduction qui leur fut soumis, furent reprises par un comité de rédaction formé de cinq membres. Pour la traduction de certains passages particulièrement difficiles, trois spécialistes de la linguistique espagnole ont été consultés avant la rédaction finale du texte.

L'*Autographe* est le texte qui décrit avec le plus de finesse les mouvements spirituels qui se produisent dans l'âme de l'exercitant; il est, plus que tout autre, attentif à rendre compte de la phénoménologie de l'expérience spirituelle. Les traducteurs ont donc cherché à rendre aussi fidèlement que possible ce texte tout en nuances. Ils ont procédé pour cela à la vérification minutieuse du sens de chaque mot ou de chaque expression espagnole, et ont cherché à respecter le mouvement général de la phrase en évitant d'en rompre le rythme par une ponctuation trop abondante. Ils ont évité également les amalgames en essayant de traduire, autant que possible, chacun des mots du texte. Enfin, ils ont veillé à ne pas introduire dans le texte ou dans les notes trop de commentaires interprétatifs de la pensée de l'auteur.

Une traduction d'un texte ancien ne se suffit jamais à elle-même. Aussi avons-nous voulu fournir au lecteur, outre cette traduction, un ensemble de matériaux qui lui permettront de faire ses propres vérifications et de poursuivre éventuellement la recherche. Il trouvera donc dans le premier tome une histoire de la genèse des différents textes des

Exercices, le texte de l'*Autographe* espagnol, reproduit avec grande fidélité, et les documents anciens les plus importants (pièces autobiographiques, lettres, premiers directoires, extraits des Constitutions, préfaces des premières éditions, etc.) concernant l'histoire du texte des *Exercices Spirituels* et la façon de les donner au temps de saint Ignace ; et dans ce tome-ci un Vocabulaire des *Exercices* et deux index portant sur les mots français et espagnols.

Le premier volume s'adresse surtout à ceux qui désirent disposer d'une documentation leur permettant d'approfondir la connaissance du processus de rédaction, de l'histoire et de la pédagogie du texte ; celui-ci est destiné aux exercitants et à ceux qui donnent les Exercices.

La présente traduction est donc accompagnée de divers instruments de travail qui la complètent. Ils éviteront au lecteur de se trouver enfermé dans une lecture particulière de l'*Autographe* sans disposer d'éléments de vérification. A notre tour, nous serions heureux de recevoir de sa part les observations et les éventuelles corrections dont nous pourrions tenir compte ultérieurement.

V. INSTRUMENTS DE TRAVAIL

Notre traduction a été faite à partir de l'édition phototypique du manuscrit de l'*Autographe*[9] et de

---

9. Édition Danesi, Rome, 1908.

l'édition critique des *Exercices* publiée par l'Institut Historique de la Compagnie de Jésus, sous la direction du P. Cándido de Dalmases[10]. Cet important ouvrage qui présente en colonnes parallèles les textes de l'*Autographe*, de la *Vulgate* et de la *Versio Prima (P1* et *P2)* permet de comparer aisément ces quatre textes.

Outre les diverses traductions françaises mentionnées plus haut, et particulièrement celle du P. François Courel, nous nous sommes souvent reportés à la traduction américaine de Louis J. Puhl (Westminster, Maryland 1951), à l'italienne de Giuseppe de Gennaro (Rome 1967), à la traduction allemande de Peter Knauer (Leipzig 1978), aux notes de l'édition des *Exercices* due au P. José Calveras (Barcelone 1944) ainsi qu'aux diverses études qu'il a publiées sur le vocabulaire ignatien dans la revue *Manresa*.

A ceux qui voudraient poursuivre l'étude du vocabulaire de l'*Autographe* nous ne saurions trop recommander deux ouvrages sans lesquels notre travail n'aurait vraisemblablement pas pu aboutir : le *Diccionario de Autoridades*[11] et *Concordancias de los Ejercícios Espirituales de san Ignacio de Loyola*[12] ; ce dernier présente de façon très claire, et dans leur contexte, presque tous les mots du vocabulaire de l'*Autographe*.

---

10. *Ex. Sp.*, Rome, 1969.
11. Trois volumes publiés en 1729 et réimprimés à Madrid en 1979.
12. Ouvrage du Professeur Seppo A. Teinonen, Helsinki, 1981.

Introduction

Je désire exprimer ici ma très vive reconnaissance aux Pères Dominique Bertrand, Maurice Giuliani, Antoine Lauras et Claude Viard, membres du Comité de rédaction. Non seulement ils ont longuement retravaillé la traduction elle-même, mais ils ont aussi étendu leur collaboration à l'ensemble de l'ouvrage qui, à ce titre encore, se présente comme une œuvre collective. Dans le présent volume, le P. Lauras s'est spécialement chargé de la révision des Index, les PP. Bertrand et Viard de la rédaction du Vocabulaire des *Exercices*. Notre gratitude va également aux professeurs Gregorio Salvador, de Madrid, Juan Antonio Pascual, de Salamanque, et Gabriel Pérouse, de Lyon, qui ont mis à notre disposition leur compétence de philologues et de linguistes, spécialistes de l'espagnol ancien.

Edouard Gueydan, s.j.

QUELQUES PRÉCISIONS CONCERNANT LA PRÉSENTATION DU TEXTE

1. *La division en versets*

Le P. Arturo Codina introduisit, en 1928, une première division du texte des *Exercices* en 370 paragraphes. Par la suite, certains paragraphes particulièrement longs furent divisés alphabétiquement par le P. José Calveras. Nous avons complété le travail de nos devanciers en subdivisant la plupart des paragraphes en versets, afin de faciliter le repérage des textes et des mots du vocabulaire des *Exercices*. La division en versets permettra également de publier une concordance précise, actuellement en chantier, de l'*Autographe*, de la *Versio Prima* et de la *Vulgate*. A ces versets nous avons été contraints de donner parfois une longueur très variable. D'une part, en effet, nous n'avons pas voulu rompre le mouvement de la phrase par une division arbitraire ; d'autre part nous avons souvent dû tenir compte de la construction très particulière de certaines phrases de la *Vulgate*, pour obtenir, dans les trois textes mentionnés ci-dessus, des unités conceptuelles équivalentes.

2. *Les renvois*

Lorsque le texte renvoie expressément à un autre passage des *Exercices*, ou le mentionne, nous en donnons la référence dans la marge intérieure. De même pour les passages de l'Évangile cités par l'*Autographe*; trois citations erronées de l'Évangile ont été corrigées (291, 293, 295).

3. *Les sous-titres*

Ont été mis en évidence les sous-titres qui, dans le manuscrit, font partie du corps du texte. En revanche, nous n'avons pas repris, sauf de rares exceptions, les titres courants qui figurent dans la partie supérieure des folios, ni les sous-titres et les numéros qui, pour faciliter le repérage des textes, ont été ajoutés dans la marge gauche de l'*Autographe*.

4. *Les « remarques »*

Il s'agit le plus souvent de directives concernant la manière de donner ou de faire certains exercices. Pour mieux les repérer, nous en avons légèrement décalé le texte par rapport à la marge de gauche.

5. *Les corrections de saint Ignace*

Elles sont signalées, dans le texte, par l'emploi de caractères italiques. Les passages qu'il a supprimés sont reproduits, en note, avec leur traduction française.

6. *Autres dispositions*

Chaque fois que cela était possible, nous avons

allégé le texte en introduisant des paragraphes. De même, les titres principaux ont été détachés sur une page blanche.

7. *Abréviations et signes conventionnels*

A	*Autographe* (1544).
P1	*Versio Prima* (1541). Traduction latine faite très vraisemblablement par saint Ignace.
P2	*Versio Prima* (1547). Copie de *P1*, portant quelques corrections faites par le P. Polanco. Elle reçut l'approbation du Saint-Siège.
V	*Vulgate* (1546-1547). Traduction latine faite par le P. des Freux qui fut soumise, en même temps que la *P2*, à l'approbation pontificale et publiée en 1548.
AHSI	*Acta Historica Societatis Iesu*
Ex. Sp.	*Monumenta Historica Societatis Iesu*, vol. 100, *Exercitia Spiritualia*, Rome 1969.
Add.	Précède un mot français que le traducteur a été obligé d'introduire dans le texte, bien qu'il ne figure pas dans l'*Autographe*.
Cf.	Renvoie à un autre passage.
Del.	Précède un passage de l'*Autographe* que saint Ignace a supprimé.
Litt.	Littéralement.
s.e.	Sous-entendu.
	Les demi-barres verticales marquent, dans le texte, le début d'un verset. Elles sont omises lorsque le verset commence par un titre, un sous-titre, le début d'un paragraphe ou s'il est immédiatement précédé par une ponctuation forte (. ; :).
' '	Les guillemets simples indiquent que le mot traduit est un mot latin.

Présentation du texte

*   Quand un mot, qui fait l'objet d'un article dans le Vocabulaire, apparaît pour la première fois dans le texte, il est suivi d'un astérisque.

( )   Les chiffres mis entre parenthèses renvoient à d'autres paragraphes des Exercices.

[ ]   Les titres placés entre crochets ne figurent pas dans le texte expagnol. Ils sont le plus souvent repris des titres courants.

Les corrections manuscrites faites par saint Ignace sur l'*Autographe* ont été reproduites en italiques.

Exercices Spirituels

Jhs

1 1 POUR ACQUÉRIR QUELQUE INTELLIGENCE DES
EXERCICES* SPIRITUELS QUI SUIVENT ET POUR QUE
CELUI QUI DOIT LES DONNER AUSSI BIEN QUE CELUI
QUI DOIT LES RECEVOIR Y TROUVENT UNE AIDE

2 *Première annotation.* Par ce terme d'exercices spirituels, on entend toute manière d'examiner sa conscience, de méditer, de contempler, de prier vocalement ou mentalement, et d'autres activités spirituelles, comme il sera dit plus loin.

3 De même, en effet, que se promener, marcher et courir sont des exercices corporels, de même appelle-t-on exercices spirituels toute manière de préparer et de disposer l'âme pour écarter de soi

4 toutes les affections* désordonnées[1] et, après les avoir écartées, pour chercher et trouver la volonté divine dans la disposition[2] de sa vie en vue du salut de son âme.

---

1. C'est-à-dire, non « ordonnées » à la fin de l'homme (cf. 23, 1).
2. *La disposición de su vida* : soit la manière d'organiser sa vie, soit le choix d'un état de vie.

2 1   *Deuxième annotation.* Celui qui donne à un autre
une manière et un ordre[1] pour méditer ou contempler, doit raconter fidèlement l'histoire* de cette
contemplation* ou de cette méditation*, en ne par-
courant les points que par une brève et sommaire
2   explication. Car, lorsque celui qui contemple part
de ce qui est le fondement véritable[2] de l'histoire, la
parcourt, réfléchit par lui-même et trouve quelque
chose qui lui explique et lui fasse sentir un peu
3   mieux l'histoire, ' soit par sa propre réflexion,
soit parce que son intelligence est éclairée par la
grâce de Dieu[3], il y trouve plus de goût et de fruit
spirituel que si celui qui donne les exercices avait
beaucoup expliqué et développé le sens de l'his-
4   toire ; car ce n'est pas d'en savoir beaucoup qui
rassasie et satisfait l'âme, mais de sentir et de goûter
les choses intérieurement.

3 1   *Troisième annotation.* Dans tous les exercices spirituels qui suivent, nous nous servons de l'activité
de l'intelligence pour réfléchir et de celle de la
2   volonté[4] pour mouvoir les sentiments[5] ; il faut
donc remarquer que, dans l'activité de la volonté,

---

1. *Orden* : le mot espagnol correspond essentiellement à deux
mots français : un ordre (commandement donné ou série obéissant
à un principe) et manière de faire ou de procéder (cf. Index espagnol). En espagnol *orden* est synonyme de *mandato, serie, regla,
forma, modo*, etc.
2. C'est-à-dire le récit évangélique lui-même.
3. Litt. « la puissance divine » *la virtud divina.*
4. Cf. Vocabulaire, sous « facultés de l'âme ».
5. *Afectar* a tantôt un sens passif, tantôt un sens actif, comme ici.

lorsque nous nous adressons vocalement ou menta-
3 lement à Dieu notre Seigneur ou à ses saints, ' il
est exigé de notre part une plus grande révérence
que lorsque nous nous servons de l'intelligence
pour comprendre.

4 1   *Quatrième annotation.* On prend quatre Semaines
pour les exercices qui suivent, ce qui correspond
2 aux quatre parties qui divisent les exercices : la
première est la considération* et contemplation des
péchés ; la deuxième, la vie du Christ notre Seigneur
3 jusqu'au jour des Rameaux inclusivement ; la troisième, la Passion du Christ notre Seigneur ; la quatrième, la Résurrection et l'Ascension, à quoi
4 s'ajoutent trois manières de prier. 'Cependant' il ne
faut pas entendre par là que chaque Semaine ait
nécessairement sept ou huit jours.

5   En effet, il arrive, dans la première Semaine, que
certains sont plus lents à trouver ce qu'ils
cherchent, c'est-à-dire la contrition, la douleur et les
6 larmes pour leurs péchés, ' alors que d'autres sont
plus rapides, et davantage agités ou éprouvés par dif-
7 férents esprits* ; cela exige que la Semaine soit
parfois écourtée et d'autres fois allongée ; et l'on
fera de même pour toutes les autres Semaines qui
suivent, cherchant toute chose[1] en fonction de 'ce

---

1. *Buscando las cosas* c'est-à-dire « cherchant à obtenir le fruit spirituel de l'exercice ».

8 qu'on se propose'[1]. Mais les exercices se termine-
ront, plus ou moins, en trente jours.

5 1   *Cinquième annotation.* Pour celui qui reçoit les
exercices, il est très profitable d'y entrer avec un
cœur large et une grande générosité envers son
Créateur et Seigneur, lui *offrant*[2] tout son vouloir et
2 toute sa liberté [1] pour que sa divine majesté *se
serve*[3] de sa personne aussi bien que de tout ce qu'il
possède, *conformément* à sa très sainte volonté.

6 1   *Sixième annotation.* Quand celui qui donne les
exercices s'aperçoit qu'aucune motion* spirituelle,
comme sont les consolations* ou les désolations*,
ne vient dans l'âme de celui qui s'exerce et qu'il
2 n'est pas agité par divers esprits, [1] il doit
beaucoup l'interroger sur les exercices, s'il les fait
aux temps prévus, et comment ; de même sur les
additions*, s'il les fait avec soin ; s'informant sur
chacune de ces choses en détail.

3   Il est parlé de la consolation et de la désolation au
n° 316, des additions au n° 73.

316-320
73-90

---

1. *Materia subiecta* : expression latine reprise telle quelle par le
texte espagnol dans la formule *según materia subiecta*. Le P. José
Calveras la commente par les mots *lo que quiero y deseo, la cosa que
se busca, lo que siento necesitar más*, etc., insistant ainsi sur l'aspect
« subjectif » de l'expression, alors que le mot *materia*, pris isolé-
ment, signifie toujours le sujet ou la matière proposée par un exercice.
2. Del. *dexandole* « lui laissant ».
3. Del. *ordene* « qu'elle ordonne ».

7 1 *Septième annotation.* Si celui qui donne les exercices voit que celui qui les reçoit est désolé et tenté,
qu'il ne se montre pas dur ni sévère envers lui, mais
2 doux et aimable, ' lui donnant courage et forces
pour l'avenir, lui découvrant les ruses de l'ennemi
de la nature humaine et l'amenant à se préparer et à
se disposer pour la consolation qui viendra.

8 1 *Huitième annotation.* Celui qui donne les exercices, selon qu'il en sentira le besoin chez celui qui
les reçoit, à l'occasion des désolations et des ruses de
2 l'ennemi, comme aussi des consolations, ' pourra
lui parler des règles de la première et de la deuxième
Semaine qui ont pour but de faire connaître les
divers esprits (313 et 328).

313-327
328-336

9 1 *Neuvième annotation.* Quand celui qui fait les
exercices se trouve dans ceux de la première
Semaine, il faut remarquer ceci : s'il s'agit de
quelqu'un qui n'a pas été formé aux choses spirituelles, et s'il est tenté grossièrement et nettement,
2 ' la tentation[1] lui faisant voir par exemple des
obstacles au progrès dans le service de Dieu notre
Seigneur, comme sont les épreuves, la honte ou la
crainte inspirées par l'honneur selon le monde, etc.
3 ' que celui qui donne les exercices ne lui parle pas
des règles de la deuxième Semaine sur les différents
esprits.

---

1. Add. « la tentation » (cf. *P2* : *veluti cum ei demon representat...*
« comme si le démon lui faisait voir... »).

4   Car, autant celles de la première Semaine lui seront profitables, autant celles de la deuxième lui nuiront ; en effet, il s'agit là d'une matière trop subtile et trop délicate pour qu'il puisse comprendre.

10 1   *Dixième annotation.* Quand celui qui donne les exercices s'aperçoit que celui qui les reçoit est attaqué et tenté sous apparence de bien, c'est alors qu'il convient de lui parler des règles déjà mentionnées 2 de la deuxième Semaine ; car généralement l'ennemi de la nature humaine tente davantage sous apparence de bien lorsque quelqu'un s'exerce dans la vie illuminative, qui correspond aux exercices de la 3 deuxième Semaine, ¹ et moins dans la vie purgative, qui correspond aux exercices de la première Semaine.

11 1   *Onzième annotation.* Pour celui qui reçoit des exercices en première Semaine, il y a profit à ne rien savoir de ce qu'il doit faire dans la deuxième 2 Semaine ; mais qu'il travaille dans la première Semaine, pour obtenir ce¹ qu'il cherche, comme s'il n'espérait rien trouver de bon dans la deuxième.

12 1   *Douzième annotation.* Celui qui donne les exercices doit attirer spécialement l'attention de celui qui les reçoit sur ce qui suit : puisqu'il doit passer une heure dans chacun des cinq exercices ou

---

1. Litt. « la chose » *la cosa*, c'est-à-dire « le fruit spirituel ».

2 contemplations qui se feront chaque jour, ' qu'il tâche toujours d'avoir le cœur satisfait à la pensée qu'il a passé une heure entière dans l'exercice, et
3 plutôt plus que moins ; parce que l'ennemi a bien souvent l'habitude d'essayer de faire écourter l'heure de la contemplation, de la méditation ou de l'oraison.

13 1 *Treizième annotation.* Il faut également remarquer ceci : de même qu'il est facile et aisé, au temps de la consolation, de passer l'heure tout entière dans la contemplation, de même il est difficile, au temps de
2 la désolation, d'y rester jusqu'au bout ; c'est pourquoi, pour agir contre la désolation et vaincre les tentations, celui qui s'exerce doit toujours rester un peu plus de l'heure entière, afin de s'habituer non seulement à résister à l'adversaire, mais encore à le terrasser.

14 1 *Quatorzième annotation.* Si celui qui donne les exercices voit que celui qui les reçoit se trouve consolé et plein de ferveur, il doit veiller à ce qu'il ne fasse pas de promesse ou de vœu inconsidéré et
2 précipité ; et plus il le connaîtra de tempérament léger, plus il devra le mettre en garde et l'avertir ;
3 car, bien que l'on puisse légitimement inciter quelqu'un à entrer dans la vie religieuse, où l'on entend faire les vœux d'obéissance, de pauvreté et
4 de chasteté, ' et bien qu'une bonne action faite en vertu d'un vœu soit plus méritoire que celle faite
5 sans vœu, ' il faut pourtant bien considérer le

tempérament et la constitution de la personne et quelle aide ou quelle difficulté elle trouvera pour réaliser ce qu'elle voudrait promettre.

15 1 *Quinzième annotation.* Celui qui donne les exercices ne doit pas inciter celui qui les reçoit à la pauvreté ou à en faire la promesse plutôt qu'à ce qui lui est contraire, à un état* ou à un genre de vie plutôt

2 qu'à un autre. En dehors des exercices, en effet, nous pouvons sans doute licitement et méritoirement inciter toutes les personnes qui semblent en avoir les aptitudes à choisir la continence, la virginité, la vie religieuse et toute forme de perfection

3 évangélique ; 'toutefois', dans ces exercices spirituels il convient davantage et il vaut beaucoup mieux, alors qu'on cherche la volonté divine, que le Créateur se communique lui-même à l'âme qui lui

4 est fidèle[1], ¹ l'enveloppant[2] dans son amour et sa louange, et la disposant à entrer dans la voie où elle pourra mieux le servir à l'avenir.

5 Ainsi, que celui qui donne les exercices ne penche ni n'incline d'un côté ni d'un autre, mais restant au

6 milieu, comme l'aiguille d'une balance, qu'il laisse le Créateur agir immédiatement[3] avec sa créature et la créature avec son Créateur et Seigneur.

---

1. Litt. « qui se donne ou se voue à Dieu » *devota*.
2. Litt. « l'embrassant » *abraçandola*. Certains lisent *abrasandola* c'est-à-dire « l'embrasant ».
3. Litt. « sans intermédiaire » *inmediate*.

16 1   *Seizième annotation.* Pour cela, c'est-à-dire pour
que le Créateur et Seigneur agisse plus sûrement en
2   sa créature, ' s'il se trouve que cette âme-là soit
portée et inclinée à une chose de façon désordonnée, il lui convient tout particulièrement de réagir
de toutes ses forces, afin d'aller à l'opposé de ce à
3   quoi elle est portée de façon mauvaise. Ainsi, par
exemple, si elle est portée à rechercher et à posséder
une charge ou un bénéfice* non pour l'honneur et
la gloire de Dieu notre Seigneur ni pour le bien[1] spirituel des âmes, mais pour son propre avantage et
4   pour ses intérêts temporels, ' elle doit se porter à
l'opposé, insistant davantage dans ses prières et
autres exercices spirituels, et demandant le contraire
5   à Dieu notre Seigneur ; c'est-à-dire qu'elle ne veut
cette charge, ce bénéfice ni aucune autre chose, à
moins que sa divine majesté, en ordonnant ses
6   désirs, ne change en elle son affection première ; de
sorte que le motif pour désirer ou posséder telle ou
telle chose soit uniquement le service, l'honneur et
la gloire de sa divine majesté.

17 1   *Dix-septième annotation.* Pour celui qui donne les
exercices, il est très profitable, sans vouloir demander ni connaître les pensées propres ou les péchés de
2   celui qui les reçoit, ' d'être fidèlement informé
des diverses agitations et pensées que lui amènent les
3   divers esprits ; car, selon le profit plus ou moins

---

1. *Salud* ne désigne pas seulement le salut éternel, comme *salva-ción*, mais aussi le bien ou la santé spirituelle de l'âme.

grand[1], il peut lui donner certains exercices spirituels qui conviennent et qui sont adaptés aux besoins de cette âme ainsi agitée.

18 1   *Dix-huitième annotation.* C'est en fonction des capacités de ceux qui veulent recevoir les exercices spirituels, c'est-à-dire en fonction de leur âge, de leur culture ou de leur intelligence, qu'il faut adap-

2   ter lesdits exercices : ainsi on ne donnera pas à celui qui est fruste ou faible de santé des choses qu'il ne peut supporter sans fatigue et dont il ne peut tirer

3   profit ; de même, c'est dans la mesure où il aura voulu se disposer, qu'il faudra donner à chacun des exercices[2], pour qu'il puisse trouver davantage d'aide et de profit.

4   C'est pourquoi, à qui veut trouver de l'aide pour s'instruire et pour arriver, jusqu'à un certain point, à contenter son âme, on peut donner l'examen* particulier (24) et ensuite l'examen général (32), 24-31 32-43

5   en même temps que la manière de prier le matin, pendant une demi-heure, sur les commande-

6   ments*, les péchés mortels*, etc. (238) ; on lui re- 238-243 commandera aussi de confesser ses péchés tous les huit jours et, s'il le peut, de recevoir le sacrement de l'eucharistie tous les quinze jours, et, s'il y est porté 44

7   davantage, tous les huit jours. Cette manière convient davantage aux personnes plus frustes et sans

---

1. Sous-entendu : « qu'il en retire ».
2. Add. « des exercices » (cf. P2 : *plura vel pauciora exercitia* « davantage ou moins d'exercices... »).

culture : on leur expliquera chaque commandement, de même que les péchés mortels, les pré-
ceptes* de l'Église, les cinq sens* et les œuvres de
miséricorde*.

8 De même, si celui qui donne les exercices voit que
celui qui les reçoit est quelqu'un de faible constitution et de peu de capacité naturelle, dont on
9 n'attend pas beaucoup de fruit, ' il conviendra
plutôt de lui donner quelques-uns de ces exercices
10 légers, jusqu'à ce qu'il confesse ses péchés ; ensuite
on lui donnera quelques examens de conscience et la
manière de se confesser plus souvent qu'il n'en avait
11 l'habitude, pour se maintenir dans ce qu'il a gagné ;
on n'ira pas plus avant, dans les matières d'élection*
ni dans d'autres exercices qui se trouvent hors de la
12 première Semaine, ' surtout quand, avec d'autres,
on peut obtenir un plus grand profit et que le temps
manque pour tout faire.

19 1 *Dix-neuvième annotation.* Pour celui qui se trou-
verait retenu par des affaires publiques ou d'autres
2 affaires dont il convient de s'occuper, ' s'il est
cultivé ou intelligent et s'il dispose d'une heure et
demie pour s'exercer, on lui exposera pourquoi
3 l'homme est créé. Puis on peut lui donner aussi,   23
pendant une demi-heure, l'examen particulier et   24-31
ensuite l'examen général, la manière de se confesser   32-43
4 et de recevoir le sacrement de l'eucharistie. Il fera   44
pendant trois jours, chaque matin pendant une
heure, la méditation sur le premier, le deuxième et
5 le troisième péché (45) ; ensuite, pendant trois autres   45-54

jours, à la même heure, la méditation sur la suite de
6 ses péchés (55) ; ensuite, pendant trois autres jours à   55-64
la même heure, qu'il fasse la méditation sur les
7 peines qui correspondent aux péchés (65). On lui   65-71
donnera, pour chacune de ces trois méditations, les
8 dix additions (73), ' et on gardera pour les mys-   73-90
tères* du Christ notre Seigneur, le même déroulement que celui qui est expliqué plus loin en détail
dans ces mêmes exercices.

20 1   *Vingtième annotation.* A celui qui est plus dispo-
nible et qui désire profiter dans toute la mesure du
possible, qu'on donne tous les exercices spirituels
2 dans l'ordre même où ils se présentent. Il en profi-
tera d'autant plus que, prenant les moyens appropriés[1], il se séparera davantage de tous ses amis et
connaissances et de toute préoccupation terrestre ;
3 par exemple en quittant la maison où il demeurait
et en prenant une autre maison ou une autre chambre pour y habiter le plus secrètement possible, ' de
4 manière qu'il soit libre d'aller chaque jour à
la messe et aux vêpres, sans avoir à craindre que ses
connaissances ne lui créent d'obstacles.
5   De cette séparation découlent trois avantages
principaux, parmi beaucoup d'autres.
6   Le premier est que celui qui se sépare de beaucoup
d'amis et connaissances ainsi que de beaucoup
d'affaires qui ne sont pas bien ordonnées pour ser-

---

1. *Por via ordenada; P2* traduit par *via ordinaria* « d'ordinaire ».

vir et louer Dieu notre Seigneur, n'acquiert pas peu de mérites devant sa divine majesté.

7 Le deuxième : en étant ainsi séparé, il n'a pas l'esprit partagé entre beaucoup de choses, mais il porte toute son attention sur une seule, le service de

8 son Créateur et le profit de son âme ; il use alors plus librement de ses facultés* naturelles pour chercher avec soin ce qu'il désire tant.

9 Le troisième : plus notre âme se trouve seule et séparée, plus elle se rend apte à s'approcher de son

10 Créateur et Seigneur et de s'unir à lui ; et plus elle s'unit ainsi à lui, plus elle se dispose à recevoir des grâces et des dons de sa divine et souveraine bonté.

[Première Semaine[1]]

1. Cette indication figure ici, pour la première fois, au verso du folio 5, sous forme de titre courant.

EXERCICES SPIRITUELS

21

POUR SE VAINCRE SOI-MÊME ET ORDONNER SA VIE
SANS *SE DÉCIDER EN RAISON DE*
QUELQUE AFFECTION QUI SERAIT DÉSORDONNÉE

22 1 Pour que celui qui donne les exercices aussi bien
que celui qui les reçoit y trouvent davantage d'aide
2 et de profit, ¹ il faut présupposer que tout bon
chrétien doit être plus enclin à sauver la proposition
3 du prochain qu'à la condamner; et s'il ne peut
la sauver¹ qu'il s'enquière de la manière dont il la
comprend et, s'il la comprend mal, qu'on le corrige
4 avec amour. Si cela ne suffit pas, qu'on cherche tous
les moyens appropriés pour que, la comprenant
bien, il se sauve².

---

1. C'est-à-dire « s'il ne peut lui trouver un sens théologique ou moral acceptable ».

2. *...para que entendiéndola bien se salve*. Le sens de la phrase est incertain. Le sujet du verbe *se salve* peut être soit la proposition, comme en 22,2, (« pour que, ..., elle soit sauve ».), soit le prochain. Nous proposons ici cette dernière interprétation, qui est celle de *P2* et de *V* (cf. *Ex. Sp.* p. 112 e) et p. 115-116).

PRINCIPE ET FONDEMENT

2   L'homme est créé pour louer, révérer[1] et servir
3 Dieu notre Seigneur et par là sauver son âme, ' et
les autres choses sur la face de la terre, sont créées
pour l'homme, et pour l'aider dans la poursuite de
la fin pour laquelle il est créé.

4   D'où il suit que l'homme doit user de ces choses
dans la mesure où elles l'aident pour sa fin et qu'il
doit s'en dégager dans la mesure où elles sont, pour
5 lui, un obstacle à cette fin. Pour cela il est nécessaire de nous rendre indifférents*[2] à toutes les
choses créées, en tout ce qui est laissé à la liberté de
6 notre libre-arbitre et ne lui est pas défendu ; de telle
manière que nous ne voulions pas, pour notre part,
davantage la santé que la maladie, la richesse que la
pauvreté, l'honneur que le déshonneur, une vie longue qu'une vie courte et de même pour tout le reste,
7 ' mais que nous désirions et choisissions uniquement
ce qui nous conduit davantage à la fin pour
laquelle nous sommes créés.

---

1. Litt. « faire révérence » *hazer reuerencia*.
2. *P2* : *ut simus indifferentes* « que nous soyons indifférents ».

EXAMEN PARTICULIER ET QUOTIDIEN
24 1

Il comprend trois temps,
et demande qu'on s'examine deux fois

2 *Le premier temps.* Le matin, tout de suite après
s'être levé, on doit former le propos de se garder
avec soin du péché particulier ou du défaut dont on
désire se corriger et s'amender.

25 1 *Le deuxième temps.* Après avoir mangé[1], demander
à Dieu notre Seigneur ce qu'on désire, c'est-à-dire la
grâce de se rappeler combien de fois on est tombé
dans ce péché particulier ou ce défaut, afin de
2 s'amender à l'avenir. 'Après quoi', qu'on fasse le
premier examen en demandant compte à son âme
du point particulier qu'on s'est proposé et dont on
3 désire se corriger et s'amender; on repassera heure
par heure ou période par période, en commençant
depuis l'heure où l'on s'est levé jusqu'à l'heure et à
4 l'instant du présent examen. Qu'on fasse sur la première ligne[2] du 𝄢 autant de points qu'on est

---

1. Il s'agit du repas de midi. *P2* et *V* traduisent par *tempus...*
pomeridianum « l'après-midi ».
2. Voir le tableau ci-dessous (31,2).

tombé de fois dans ce péché particulier ou ce
5 défaut ; et, ensuite, qu'on forme à nouveau le
propos de s'amender jusqu'au second examen que
l'on fera.

26 1   *Le troisième temps.* Après avoir pris le repas du
soir, on fera le second examen, également heure par
heure, en commençant depuis le premier examen
2 jusqu'au second et présent examen. Qu'on fasse
sur la seconde ligne du même $\mathcal{F}$ autant de points
qu'on est tombé de fois dans ce péché particulier ou
ce défaut.

27 1   SUIVENT QUATRE ADDITIONS
        POUR SUPPRIMER PLUS VITE CE PÉCHÉ
            OU CE DÉFAUT PARTICULIER

2   *La première addition.* Chaque fois qu'on tombe
dans ce péché ou défaut particulier, porter la main à
3 la poitrine, en s'affligeant d'être tombé ; ce qui peut
se faire même en présence de beaucoup de gens sans
qu'ils s'aperçoivent de ce qu'on fait.

28   *La deuxième addition.* Comme la première ligne
du $\mathcal{F}$ indique le premier examen et la seconde
ligne, le second examen, qu'on regarde le soir s'il y
a amendement de la première à la seconde ligne,
c'est-à-dire du premier examen au second.

29   *La troisième addition.* Comparer le deuxième jour

avec le premier, c'est-à-dire les deux examens du jour présent avec les deux examens du jour précédent, et regarder si, d'un jour à l'autre, on s'est amendé.

30 *La quatrième addition.* Comparer une semaine avec l'autre, et regarder si on s'est amendé pendant la présente semaine par rapport à la précédente.

31 1 *Remarque.* Il faut remarquer que le premier **F** majuscule qui suit indique le dimanche ; le deuxième, plus petit, le lundi ; le troisième, le mardi ; et ainsi 'de suite'.

2

32 1 EXAMEN GÉNÉRAL DE CONSCIENCE
POUR SE PURIFIER ET POUR MIEUX SE CONFESSER[1]

2   Je présuppose qu'il y a en moi trois sortes de pensées : l'une qui m'est propre, qui naît de ma seule
3 liberté et de mon seul vouloir ; et deux autres qui
viennent du dehors, l'une qui vient du bon esprit et
l'autre du mauvais.

33 1   DE LA PENSÉE

2   Il y a deux manières de mériter quand une mau-
3 vaise pensée vient du dehors : 'par exemple' une
pensée me vient de commettre un péché mortel, j'y
résiste 'aussitôt', et elle est vaincue.
34 1   La seconde manière de mériter est celle-ci : lorsque cette mauvaise pensée me vient, moi je lui
résiste ; et qu'elle recommence plusieurs fois à venir,
moi je lui résiste toujours, jusqu'à ce que la pensée
2 s'en aille vaincue. Cette seconde manière est plus
méritoire que la première.

---

1. Cf. Vocabulaire, au mot « examen ».

35 1   On pèche véniellement quand la même pensée de pécher mortellement vient et qu'on lui prête
2   l'oreille en s'y attardant quelque peu [1] ou en accueillant quelque jouissance des sens, ou encore lorsqu'il y a quelque négligence à rejeter cette pensée.

36   Il y a deux manières de pécher mortellement :
La première manière est quand on donne son consentement à la mauvaise pensée pour agir ensuite conformément à ce à quoi on a consenti ou bien pour passer à l'acte si c'était possible.

37 1   La seconde manière de pécher mortellement est quand on pose l'acte de ce péché, et c'est encore plus grave pour trois raisons :
2   — la première, à cause de la plus grande durée ;
— la deuxième, à cause de la plus grande intensité ;
— la troisième, à cause du plus grand dommage pour les deux personnes.

38 1   DE LA PAROLE

2   Ne jurer ni par le Créateur, ni par la créature[1] si ce n'est avec vérité, nécessité et révérence.

---

1. « Jurer par le Créateur » : en appeler au témoignage de Dieu (par exemple « de par Dieu ! »); « jurer par la créature » : en appeler à une réalité du monde en tant qu'œuvre de Dieu (par exemple « par le ciel ! »), ou quand on appelle sur soi, en cas de mensonge ou d'infidélité, le châtiment de Dieu (par exemple « par ma vie ! »).

3   J'entends par nécessité, non pas lorsqu'on atteste par serment n'importe quelle vérité, mais quand celle-ci a quelque importance pour un profit de l'âme ou du corps ou des biens temporels.

4   J'entends par révérence lorsque, prononçant le nom du Créateur et Seigneur, on est attentif à lui rendre l'honneur et la révérence qui lui sont dûs.

39 1   Il faut remarquer que si, dans un serment fait à la légère, nous péchons davantage en jurant par le Créateur que par la créature, ¹ il est cependant plus difficile de jurer comme il se doit, avec vérité, nécessité et révérence, par la créature que par le Créateur, et cela pour les raisons suivantes.

3   *La première raison* : quand nous voulons jurer par quelque créature, le fait de vouloir prononcer le nom d'une créature ne nous rend pas aussi attentifs et prudents, pour dire la vérité ou pour l'attester avec nécessité, que le fait de vouloir prononcer le nom du Seigneur et Créateur de toute chose.

4   *La deuxième raison* : lorsqu'on jure par une créature, il n'est pas aussi facile de rendre révérence et respect au Créateur, qu'en jurant en prononçant le nom du Créateur et Seigneur lui-même ; parce que le fait de vouloir prononcer le nom de Dieu notre Seigneur inspire plus de respect et de révérence que le fait de nommer une chose créée. C'est pourquoi on accorde plus facilement aux parfaits qu'aux imparfaits de jurer

6 par une créature, ¹ car les parfaits en raison de la continuelle contemplation et illumination de l'intelligence, considèrent, méditent et contemplent davantage que Dieu est dans chaque créature selon sa propre essence, présence et puissance ; ainsi, en jurant par la créature, sont-ils
7 plus aptes et disposés que les imparfaits à rendre respect et révérence à leur Créateur et Seigneur.

8 *La troisième raison* : Lorsqu'on jure continuellement par les créatures, il y a davantage lieu de craindre l'idolâtrie¹ chez les imparfaits que chez les parfaits.

40 1 Ne dire aucune parole oiseuse.

J'entends par là une parole qui n'est profitable ni à moi ni à autrui, ou qui n'est pas ordonnée à un tel
2 but. De sorte qu'il n'est jamais oiseux de parler de tout ce qui est ou qui a pour but d'être profitable à mon âme, ou à celle d'autrui, au corps ou aux biens
3 temporels. Ce n'est pas le cas non plus, quand quelqu'un parle de choses qui sont étrangères à son état, par exemple si un religieux parle de guerres ou
4 de commerce. Mais, dans tout ce qui est dit il y a mérite à bien ordonner ses paroles, et il y a péché à parler de façon déréglée ou à la légère.

41 1 Ne pas dire de choses diffamatoires ou médisantes.

Parce que, si je révèle un péché mortel qui n'est

---

1. C'est-à-dire de jurer comme s'il dépendait d'une créature d'accorder une faveur ou de sanctionner une faute.

pas public, je pèche mortellement ; si c'est un péché
véniel, véniellement ; si c'est un défaut, je révèle
2 mon propre défaut. Si l'intention est saine, on peut
parler de deux manières du péché ou de la faute
d'autrui.

3 *La première manière* : quand le péché est public,
par exemple lorsqu'il s'agit d'une prostituée publique, d'une sentence rendue par jugement ou d'une
erreur publique qui contamine les âmes qu'elle
atteint.

4 *La seconde manière* : quand le péché caché est
révélé à quelqu'un pour aider celui qui est en état de
péché à se relever, pourvu 'cependant' que l'on ait
quelques motifs sérieux ou quelques raisons proba-
bles de penser que cela pourra l'aider.

42 1   DE L'ACTION

2 Prendre pour matière d'examen les dix commandements, les préceptes de l'Église et les ordonnances
des supérieurs ; toute action commise à l'encontre
de l'un de ces trois domaines est, selon sa plus ou
moins grande gravité, un péché plus ou moins
grand.

3 Par ordonnance des supérieurs, j'entends par
exemple les bulles de croisades[1] et autres indul-

---

1. *Cruzadas*, c'est-à-dire les dispenses de jeûne et d'abstinence
accordées à ceux qui partaient en croisade contre les infidèles ; en
Espagne, contre les Maures. Par la suite ces dispenses étaient
concédées à tous les fidèles moyennant une aumône.

gences, comme celles pour obtenir la paix, accordées à condition de se confesser et de recevoir le
4 Très Saint Sacrement. Car, on ne pèche pas peu alors, en étant cause de ce que d'autres agissent contre de si pieuses exhortations et ordonnances de nos supérieurs, ou en agissant ainsi soi-même.

43 1 MANIÈRE DE FAIRE L'EXAMEN GÉNÉRAL
Elle comprend cinq points

2 *Le premier point* est de rendre grâce à Dieu notre Seigneur pour les bienfaits reçus.

3 *Le deuxième point :* demander la grâce de connaître ses péchés et de les rejeter.

4 *Le troisième point :* demander à mon âme qu'elle me rende compte, depuis l'heure du lever jusqu'au présent examen, heure par heure ou période par
5 période, ¹ d'abord des pensées, puis des paroles, puis des actions, selon le même ordre qui a été indiqué dans l'examen particulier.

25

6 *Le quatrième point :* demander pardon de ses fautes à Dieu notre Seigneur.

7 *Le cinquième point :* former le propos de s'amender avec sa grâce. *Pater noster.*

44 1 CONFESSION GÉNÉRALE ET COMMUNION

2   Celui qui de lui-même voudrait faire une confession générale y trouvera, parmi beaucoup d'autres avantages, les trois que voici.

3   *Le premier avantage.* Bien que celui qui se confesse chaque année ne soit pas obligé de faire une confes-
4 sion générale, ¹ il y a cependant un plus grand profit et un plus grand mérite à la faire, à cause de la douleur réelle plus grande de tous les péchés et des mauvaises actions de toute sa vie.

5   *Le deuxième avantage.* Dans ces exercices spirituels, on a une connaissance plus intérieure des péchés et de leur malice qu'au temps où l'on ne
6 s'adonnait pas ainsi aux choses intérieures; en parvenant maintenant à une plus grande connaissance et douleur de ses péchés, on trouvera donc plus de profit et de mérite à se confesser qu'on n'en aurait eus auparavant.

7   *Le troisième avantage.* 'Ensuite', s'étant mieux confessé et disposé, on est plus apte et mieux pré-
8 paré à recevoir le Très Saint Sacrement; recevoir celui-ci aide non seulement à ne pas tomber dans le péché, mais encore à se conserver dans un accroissement de grâce.

9   Cette confession générale se fera mieux immédiatement après les exercices de la première Semaine.

LE PREMIER EXERCICE
EST UNE MÉDITATION
EN USANT DES[1] TROIS FACULTÉS
SUR LE PREMIER, LE DEUXIÈME
ET LE TROISIÈME PÉCHÉ

45 1

2 *Il comprend, après une prière préparatoire et deux préambules, trois points principaux et un colloque**

46 *La prière préparatoire* est de demander à Dieu notre Seigneur sa grâce pour que toutes mes intentions, mes actions et mes activités[2] soient purement ordonnées au service et à la louange de sa divine majesté.

47 1 *Le premier préambule* est une composition* en se représentant le lieu.

2 Ici, il faut remarquer que dans la contemplation ou la méditation d'une chose visible, comme par exemple la contemplation du Christ notre Seigneur, lequel est visible, ' la composition

3

---

1. C'est-à-dire, « en exerçant les trois facultés » - Del. *de* « sur les ».
2. « Les actions », *acciones*, se réalisent à l'extérieur du sujet ; « les opérations », *operaciones*, concernent la vie corporelle, intellectuelle, affective et spirituelle de la personne.

consistera à voir avec les yeux de l'imagination
le lieu matériel[1] où se trouve la chose que je

4 veux contempler. Je dis : le lieu matériel, comme
par exemple un temple ou une montagne où se
trouve Jésus-Christ ou Notre-Dame, selon ce
que je veux contempler.

5 Pour ce qui est invisible, comme c'est ici le cas
pour les péchés, la composition sera de voir avec les
yeux de l'imagination et de considérer mon âme

6 emprisonnée dans ce corps corruptible, ' et tout
le composé humain comme exilé dans cette vallée
parmi des animaux privés de raison. Je dis : tout le
composé de l'âme et du corps.

48 1 *Le second préambule* est de demander à Dieu notre
Seigneur ce que je souhaite et désire[2].

2 La demande doit être faite en fonction de 'ce
qu'on se propose' : si la contemplation porte sur
la résurrection, demander la joie avec le Christ

3 joyeux, ' si elle porte sur la Passion, demander
peine, larmes et souffrance avec le Christ souffrant.

4 Ici, ce sera demander honte et confusion de moi-
même, en voyant combien d'hommes ont été dam-

5 nés pour un seul péché mortel[3] ' et combien de
fois j'ai mérité, moi, d'être condamné pour toujours
à cause de mes si nombreux péchés.

---

1. Litt. « le lieu corporel » *lugar corporeo*.
2. *Lo que quiero y deseo*. Le verbe *querer* a le sens de « désirer »,
ou un sens équivalent, chaque fois qu'il s'agit d'obtenir quelque
chose de quelqu'un. Sinon il signifie « vouloir ».
3. *P2* ajoute *forte* « peut-être ».

49   *Remarque.* Avant toutes les contemplations ou méditations on doit toujours faire la prière préparatoire sans faire de modifications, et les deux préambules déjà mentionnés, y faisant parfois des modifications en fonction de 'ce qu'on se propose'.

50 1   *Le premier point* sera d'appliquer la mémoire sur le premier péché, qui fut celui des anges; ensuite, d'exercer l'intelligence sur ce même péché en par-
2 courant le sujet; et ensuite, la volonté, voulant me rappeler et comprendre tout cela pour éprouver
3 davantage de honte et de confusion. Faire la comparaison entre un seul péché des anges et mes si nombreux péchés; alors que ceux-ci, pour un péché, allèrent en enfer, combien de fois ne l'ai-je pas mérité, moi, pour mes si nombreux péchés?
4   Je dis : se remettre en mémoire[1] le péché des anges : comment, étant créés dans la grâce, ne voulant pas se servir de leur liberté pour rendre révérence et obéissance à leur Créateur et Seigneur,
5 ils tombèrent dans l'orgueil, passèrent de la grâce à la perversité et furent chassés du ciel en
6 enfer. Parcourir 'ensuite' le sujet plus en détail avec l'intelligence; 'ensuite' mouvoir davantage les sentiments avec la volonté.

---

1. *Digo traer en memoria*, se rapporte à (50,1) *traer la memoria sobre*.

51 1   *Le deuxième point.* Faire de même, c'est-à-dire appliquer les trois facultés au péché d'Adam et
2   d'Ève. Me remettre en mémoire comment pour ce péché, ils firent si longtemps pénitence et quelle corruption entra dans le genre humain, tant de peuples allant vers l'enfer.

3   Je dis : me remettre en mémoire le deuxième péché, celui de nos premiers parents ; comment, après qu'Adam eut été créé dans la plaine de Damas[1] et placé dans le paradis terrestre, et qu'Ève
4   eut été créée de sa côte, ' il leur fut défendu de manger de l'arbre de la science ; ils en mangèrent et,
5   ainsi, péchèrent. Après cela, vêtus de tuniques de peau et chassés du paradis, ils passèrent toute leur vie sans la justice originelle qu'ils avaient perdue, dans beaucoup d'épreuves et en grande pénitence.
6   'Ensuite', parcourir le sujet plus en détail avec l'intelligence et me servir de la volonté, comme il a été dit.

52 1   *Le troisième point.* Faire de même pour le troisième péché, le péché particulier de tout homme[2] qui, pour un péché mortel, est[3] allé en enfer et de beaucoup d'autres, innombrables, qui y sont allés pour moins de péchés que je n'en ai faits.

---

1. Réminiscence de la *Vita Christi* (1350) de Ludolphe le Chartreux. Il s'agit d'une vallée, ainsi nommée, qui se trouve à l'ouest de la ville d'Hébron.
2. Litt. « de chacun » *de cada uno*.
3. *P2* et *V* ajoutent *forsan* « peut-être ».

2   Je dis : faire de même pour le troisième péché particulier ; me remettre en mémoire la gravité et la
3   malice du péché contre le Créateur et Seigneur. Parcourir le sujet avec l'intelligence : comment, en
péchant et en agissant contre l'infinie bonté, cet
homme a été justement condamné pour toujours.
Terminer avec la volonté, comme il a été dit.

53 1   *Le colloque.* Imaginant le Christ notre Seigneur
devant moi et mis en croix, faire un colloque : comment, de Créateur, il en est venu à se faire homme,
à passer de la vie éternelle à la mort temporelle, et
ainsi à mourir pour mes péchés.

2   Me regarder également moi-même : ce que j'ai fait
pour le Christ, ce que je fais pour le Christ, ce que
3   je dois faire pour le Christ. Le voyant dans cet état,
ainsi suspendu à la croix, parcourir ce qui s'offrira à
moi.

54 1   Le colloque se fait, proprement, en parlant
comme un ami parle à un ami, ou un serviteur à
2   son maître. Tantôt on demande quelque grâce,
tantôt on s'accuse de quelque mauvaise action,
tantôt on fait part de ses affaires personnelles et
on demande conseil à leur sujet.

Et dire un *Pater noster.*

LE DEUXIÈME EXERCICE
EST UNE MÉDITATION SUR LES PÉCHÉS
*Il comprend, après la prière préparatoire et deux
préambules, cinq points et un colloque*

2   *La prière préparatoire* : qu'elle soit la même.   46

3   *Le premier préambule* : ce sera la même composi-   47,5
tion.

4   *Le second préambule* : demander ce que je désire.
Ce sera, ici, demander une profonde et intense douleur et des larmes pour mes péchés.

56 1   *Le premier point* est la suite de mes péchés : me
remettre en mémoire tous les péchés de ma vie,
regardant année par année ou période par période.
Pour cela, trois choses sont utiles :

2   — la première, voir le lieu et la maison où j'ai
habité ;
— la deuxième, les relations que j'ai eues avec
d'autres ;
— la troisième, la charge dans laquelle j'ai vécu.

57   *Le deuxième point* : mesurer le poids des péchés en considérant la laideur et la malice que contient en soi chaque péché mortel commis, même s'il n'était pas défendu.

58 1   *Le troisième point* : considérer qui je suis, moi, en me rendant, par des exemples, de plus en plus petit.
    — Premièrement : ce que je suis, moi, en comparaison de tous les hommes.
  2   — Deuxièmement : ce que sont les hommes en comparaison des anges et de tous les saints du paradis.
  3   — Troisièmement : considérer ce qu'est tout le créé en comparaison de Dieu ; moi donc, tout seul, que puis-je être ?
  4   — Quatrièmement : considérer toute ma corruption et ma laideur corporelle.
  5   — Cinquièmement : me considérer comme une plaie et un abcès d'où sont sortis tant de péchés et tant de méchancetés, et un poison si ignoble.

59 1   *Le quatrième point* : considérer qui est Dieu, contre qui j'ai péché, selon ses attributs, comparant
  2 ceux-ci à leurs contraires en moi : sa sagesse à mon ignorance, sa toute-puissance à ma faiblesse, sa justice à mon iniquité, sa bonté à ma malice.

60 1   *Le cinquième point* : Cri d'étonnement avec une profonde émotion, en passant en revue toutes les créatures ; comment elles m'ont laissé en vie et m'y ont conservé.

2   Les anges, étant le glaive de la justice de Dieu, comment ils m'ont supporté, protégé et ont prié
3   pour moi ; les saints, comment ils ont intercédé et prié pour moi ; les cieux, le soleil, la lune, les étoiles et les éléments, les fruits, les oiseaux, les poissons et
4   les animaux[1] ; et la terre, comment elle ne s'est pas ouverte pour m'engloutir, créant de nouveaux enfers pour que j'y souffre pour toujours.

61   *Le colloque.* Terminer par un colloque sur la miséricorde, en m'entretenant avec Dieu notre Seigneur et en lui rendant grâce de m'avoir donné la vie jusqu'à maintenant, et former le propos de m'amender à l'avenir avec sa grâce. *Pater noster.*

---

1. *P2* complète « comment ils m'ont conservé en vie jusqu'ici ».

LE TROISIÈME EXERCICE
EST UNE RÉPÉTITION* DU PREMIER
ET DU DEUXIÈME EXERCICE
en faisant trois colloques.

2   Après la prière préparatoire et les deux préambules, il s'agira de répéter le premier et le deuxième exercice en notant, et en m'y arrêtant, les points où j'ai senti une plus grande consolation ou désolation

3 ou un plus grand sentiment spirituel. Après quoi, je ferai trois colloques de la manière qui suit.

63 1   *Le premier colloque* à Notre-Dame, afin qu'elle m'obtienne la grâce de son Fils et Seigneur pour trois choses :

2 la première, que je sente une connaissance[1] intérieure de mes péchés et que je les aie en horreur ;

3 la deuxième, que je sente le désordre de mes activités afin que, les ayant en horreur, je m'amende et je m'ordonne ;

---

1. *Conoscimiento.* Il ne s'agit pas d'une activité limitée à l'intelligence ; car elle met également en œuvre la mémoire et la volonté, d'où le verbe *sentir* qui l'accompagne.

4 la troisième, demander la connaissance du monde, afin que l'ayant en horreur, j'écarte de moi les choses mondaines et vaines.

Après quoi, un *Ave Maria*.

5 *Le deuxième colloque* : de même, au Fils, pour qu'il m'obtienne cela du Père.

Après quoi, l'*Anima Christi*.

6 *Le troisième colloque* : de même, au Père, pour que le Seigneur Éternel lui-même me l'accorde.

Après quoi, un *Pater noster*.

64 1 ## LE QUATRIÈME EXERCICE
CONSISTE A REPRENDRE LE TROISIÈME

2 J'ai dit : à reprendre, pour que l'intelligence, sans divaguer, parcoure assidûment le souvenir des choses contemplées dans les exercices passés; faire ensuite les mêmes trois colloques.

63

LE CINQUIÈME EXERCICE
EST UNE MÉDITATION SUR L'ENFER
Il comprend, après la prière préparatoire et deux
préambules, cinq points et un colloque

2   *La prière préparatoire :* qu'elle soit la même que   46
d'habitude.

3   *Le premier préambule.* Une composition : c'est,
ici, voir avec les yeux de l'imagination la longueur,
la largeur et la profondeur de l'enfer.

4   *Le deuxième préambule.* Demander ce que je
désire : ce sera, ici, demander de sentir intérieure-
5 ment la peine qu'endurent les damnés, ¹ afin que,
si j'en venais à oublier l'amour du Seigneur Éternel
à cause de mes fautes, au moins la crainte des peines
m'aide à ne pas tomber dans le péché.

66   *Le premier point* sera de voir, avec les yeux de
l'imagination, les grands brasiers et les âmes comme
dans des corps de feu.

67   *Le deuxième point :* entendre de mes oreilles les
plaintes, les hurlements, les cris, les blasphèmes
contre le Christ notre Seigneur et contre tous ses
saints.

68   *Le troisième point :* sentir par l'odorat la fumée, le soufre, le cloaque et la pourriture.

69   *Le quatrième point :* goûter par le goût les choses amères, comme par exemple, les larmes, la tristesse et le ver[1] de la conscience.

70   *Le cinquième point :* toucher par le tact, c'est-à-dire sentir[2] comment les flammes touchent et embrasent les âmes.

71 1   *Le colloque.* Faisant un colloque avec le Christ notre Seigneur me remettre en mémoire les âmes qui sont en enfer ; les unes parce qu'elles ne crurent pas à son avènement, les autres qui y ont cru, mais
2   n'ont pas agi selon ses commandements. Faire trois groupes :
— le premier, avant son avènement ;
— le deuxième, durant sa vie ;
— le troisième, après sa vie en ce monde.
3   Après quoi, lui rendre grâce de ne pas m'avoir laissé tomber dans aucun de ces groupes en mettant fin à
4   ma vie[1] et aussi de ce que, jusqu'à maintenant, il a toujours eu tant de compassion et de miséricorde pour moi.

On terminera par un *Pater noster*.

---

1. *El verme de la consciencia* : c'est-à-dire, « le ver rongeur » ou le remords de la conscience.
2. Add. « sentir ».

72 1   *Remarque.* Le premier exercice[1] se fera à minuit; le deuxième, au matin, après s'être levé; le troisième, avant ou après la messe[2], en tout cas avant le repas de midi; le quatrième, à l'heure des vêpres; le cinquième, une heure avant le repas du soir.

2   Cette distribution approximative des heures, je l'entends toujours pour l'ensemble des quatre Semaines; elle aide celui qui s'exerce à faire les cinq exercices ou moins, selon son âge, sa constitution et son tempérament.

---

1. Il ne s'agit pas de l'exercice des trois péchés, mais du premier exercice de la journée.
2. La messe était célébrée vers le milieu de la matinée.

ADDITIONS
POUR MIEUX FAIRE LES EXERCICES ET
POUR MIEUX TROUVER CE QUE L'ON DÉSIRE

2   *La première addition.* Après m'être couché, au moment de vouloir m'endormir, penser, pendant le temps d'un *Ave Maria*, à l'heure à laquelle je dois me lever et pour quoi, en repassant l'exercice que j'ai à faire.

74 1   *La deuxième addition.* Quand je me réveillerai, sans laisser place à telles ou telles pensées, tourner tout de suite mon attention vers ce que je vais contempler pendant le premier exercice, celui de minuit, et me porter à la confusion pour mes si nombreux péchés, en prenant des exemples :
2   comme si un chevalier se trouvait devant son roi, et devant toute sa cour, honteux et confus de l'avoir beaucoup offensé ; lui dont, auparavant, il avait reçu de nombreux dons et de nombreuses faveurs.
3   De même, dans le deuxième exercice, me voir grand pécheur, enchaîné, c'est-à-dire m'avançant

comme lié de chaînes pour paraître devant le juge

4 suprême et éternel ; prendre pour exemple la manière dont les prisonniers, enchaînés et méritant déjà la mort, paraissent devant leur juge temporel.

5 C'est avec ces pensées ou d'autres, selon 'ce que je me propose', que je m'habillerai.

75 1 *La troisième addition.* A un ou deux pas de l'endroit où je dois contempler ou méditer, je me tiendrai debout, le temps d'un *Pater noster*,

2 'l'esprit tourné vers le haut, considérant comment Dieu notre Seigneur me regarde, etc.; puis faire une révérence ou une génuflexion.

76 1 *La quatrième addition.* Entrer dans la contemplation tantôt à genoux, tantôt prosterné à terre, tantôt étendu le visage vers le haut, tantôt assis, tantôt debout, toujours à la recherche de ce que je désire.

2 Nous prêterons attention à deux choses.

— La première : si je trouve ce que je désire en étant à genoux, je n'irai pas plus loin ; et si c'est prosterné, de même, etc.

3 —La seconde : c'est au point où je trouverai ce que je désire que je resterai, sans me soucier d'aller plus loin, jusqu'à ce que j'en sois satisfait.

77 1 *La cinquième addition.* Après avoir terminé l'exercice, pendant un quart d'heure, assis ou me promenant, je verrai comment les choses se sont passées pour moi pendant la contemplation ou la médita-

2 tion. Si c'est mal, je regarderai la cause d'où cela

provient et, quand je l'aurai vue, je m'en repentirai
3 pour m'amender à l'avenir. Si c'est bien, je rendrai
grâce à Dieu notre Seigneur et je ferai de même une
autre fois.

78 1   *La sixième addition.* Ne pas vouloir penser à des
choses qui donnent plaisir ou allégresse, comme la
gloire, la résurrection, etc. ; car toute considération
donnant joie et allégresse empêche de sentir la
peine, la douleur et les larmes pour nos péchés.
2 Mais avoir présent à l'esprit que je veux m'affliger
et sentir de la peine, me remettant plutôt en
mémoire la mort et le jugement.

79   *La septième addition.* Dans le même but, me priver de toute lumière, fermant fenêtres et portes, le
temps que je serai dans ma chambre ; à moins que ce
ne soit pour dire l'office, lire ou prendre les repas.

80   *La huitième addition.* Ne pas rire, ne rien dire qui
fasse rire.

81   *La neuvième addition.* Garder les yeux baissés,
sauf pour accueillir la personne avec qui je parlerai
ou pour prendre congé d'elle.

82 1   *La dixième addition* concerne la pénitence, qui se
divise en pénitence intérieure et extérieure.
2   La pénitence intérieure consiste à s'affliger de ses
péchés, avec le ferme propos de ne plus commettre
ni ceux-ci ni d'autres.

3   La pénitence extérieure, fruit de la précédente, est un châtiment pour les péchés commis ; elle se pratique principalement de trois manières.

83 1   — La première manière concerne la nourriture : lorsque nous retranchons le superflu, il n'y a pas

2   pénitence, mais tempérance. Il y a pénitence quand nous retranchons quelque chose sur ce qui est convenable ; et plus on le fait, plus grande et meilleure elle est, pourvu qu'on n'altère pas sa constitution et qu'il n'en résulte pas de maladie notable.

84 1   — La deuxième manière concerne le sommeil[1] : *et* de même, ici, il n'y a pas pénitence à retrancher le

2   superflu, les choses raffinées et amollissantes. Mais il y a pénitence quand on retranche, dans la manière de faire, sur ce qui est convenable ; et plus on retranche, mieux cela vaut, pourvu qu'on n'altère pas sa constitution et qu'il n'en résulte pas de mala-

3   die notable. Qu'on ne retranche rien non plus sur la durée convenable du sommeil, sauf pour parvenir à la juste mesure au cas où l'on aurait 'peut-être' la mauvaise habitude[2] de trop dormir.

85   — La troisième manière : châtier la chair, c'est-à-dire lui infliger une douleur sensible, ce qui s'obtient en portant à même la chair silices, cordes ou pointes de fer, en se flagellant, en se meurtrissant ou par d'autres formes d'austérités.

---

1. Litt. « la manière de dormir » *modo de dormir*.
2. Litt. « l'habitude vicieuse » *habito vicioso*.

86 1   *Remarque.* Ce qui paraît plus indiqué et plus
sûr pour la pénitence, c'est que la douleur soit
sensible dans la chair, mais ne pénètre pas
jusqu'aux os, de manière à infliger douleur mais

2   non maladie. Pour cela, il semble qu'il con-
vienne plutôt de se meurtrir avec de fines cordes
qui causent une douleur superficielle, que d'une
autre manière qui provoquerait une maladie
interne notable.

87 1   *Première remarque.* Les pénitences extérieures
se font principalement en vue d'obtenir trois
effets.

— Premièrement, pour la satisfaction des
péchés passés[1].

2   — Deuxièmement, pour se vaincre soi-même,
c'est-à-dire pour que les sens obéissent à la raison
et que toutes les parties inférieures soient davantage soumises aux supérieures[2].

3   — Troisièmement, pour chercher et trouver
quelque grâce ou quelque don que l'on souhaite
et désire ; comme, par exemple, si l'on désire
avoir une contrition intérieure de ses péchés, ou

4   pleurer abondamment sur eux ou sur les
peines et douleurs que le Christ notre Seigneur

---

1. La « satisfaction » est un acte de réparation ou d'expiation par
lequel on espère obtenir la rémission d'une peine méritée à cause
d'un péché.
2. Les scolastiques distinguent les parties inférieures de l'âme,
qui dépendent des sens, *sensualitas*, et les parties supérieures : la
raison, la mémoire et la volonté.

endurait dans sa Passion, ou résoudre quelque doute dans lequel on se trouve.

88 1   *Deuxième remarque.* Il faut remarquer que la première et la deuxième addition doivent être observées dans les exercices de minuit et du lever du jour, et non dans ceux qui se font à d'autres

2   moments. La quatrième addition ne se fera jamais dans l'église, en présence d'autres personnes, mais en privé, par exemple chez soi, etc.

89 1   *Troisième remarque.* Quand la personne qui s'exerce n'est pas arrivée à trouver ce qu'elle désire, comme par exemple les larmes, la consolation, etc., il est souvent profitable d'introduire des changements dans la nourriture, le sommeil et dans d'autres manières de faire pénitence.

2   Ainsi nous ferons des changements en faisant pénitence pendant deux ou trois jours et en n'en faisant pas pendant deux ou trois autres jours ; il convient en effet à certaines personnes de faire davantage pénitence et à d'autres d'en faire

3   moins. Souvent aussi nous renonçons à faire pénitence par amour de nos sens et par jugement erroné que notre constitution physique ne

4   pourra le supporter sans maladie notable. Parfois, à l'inverse, nous en faisons trop en pensant

5   que notre corps pourra le supporter. Et comme Dieu notre Seigneur connaît infiniment mieux notre nature, il donne souvent à chacun de sentir ce qui lui convient, grâce à de tels changements.

90   *Quatrième remarque.* L'examen particulier se 24-31
fera pour supprimer défauts et négligences dans
les exercices et les additions; de même dans la
deuxième, troisième et quatrième Semaine.

[Deuxième Semaine[1]]

---

1. Ce titre est repris du titre courant qui figure au verso du folio 17.

L'APPEL DU ROI TEMPOREL
AIDE A CONTEMPLER LA VIE DU ROI ÉTERNEL

2   *La prière préparatoire :* qu'elle soit la même que d'habitude.

3   *Le premier préambule* est une composition en se représentant le lieu ; ce sera, ici, voir avec les yeux de l'imagination *les synagogues*[1], villes et bourgades où prêchait le Christ notre Seigneur.

4   *Le second préambule :* demander la grâce que je désire ; ici, ce sera demander à notre Seigneur la grâce de ne pas être sourd à son appel, mais prompt et diligent pour accomplir sa très sainte volonté.

92   *Le premier point.* Me représenter un roi humain, choisi par la main de Dieu notre Seigneur, auquel tous les princes chrétiens et tous leurs hommes rendent révérence et obéissance.

93 1   *Le deuxième point.* Regarder comment ce roi parle à tous les siens, disant : « Ma volonté est de conqué-

---

1. Del. *templos* « temples ».

2 rir toute la terre des infidèles ; c'est pourquoi qui
voudra venir avec moi doit se contenter de se nourrir comme moi, de boire et de se vêtir de même,
3 etc. ; pareillement, il doit peiner *avec moi*[1] pendant
4 le jour et veiller pendant la nuit, etc., [1] pour que,
ainsi, il ait ensuite part avec moi à la victoire,
comme il a pris part aux peines. »

94 1   *Le troisième point.* Considérer ce que les bons
sujets doivent répondre à un roi si généreux et si
2 humain ; et par conséquent si quelqu'un n'accueil-
lait pas la requête d'un tel roi, combien il mériterait
d'être blâmé par tout le monde et tenu pour un chevalier indigne[2].

95 1   La seconde partie de cet exercice consiste à appliquer l'exemple précédent du roi temporel au Christ
notre Seigneur, conformément aux trois points ci-
dessus.

2   *Quant au premier point.* Si nous prêtons attention à
3 un tel appel du roi temporel à ses sujets, [1] combien
est-ce une chose plus digne d'attention que de voir
le Christ notre Seigneur, Roi éternel, et devant lui
tout l'univers qu'il appelle, ainsi que chacun en par-
4 ticulier, disant : « Ma volonté est de conquérir le

---

1. Del. *como yo* « comme moi ». Cependant *P2* traduit par *sicut ego*.
2. Litt. « pervers » *perverso*, c'est-à-dire, qui a perdu le sens des devoirs que comporte son état.

monde entier et tous les ennemis et d'entrer ainsi dans la
5 gloire de mon Père. C'est pourquoi, qui
voudra venir avec moi doit peiner avec moi pour
que, me suivant dans la peine, il me suive aussi dans
la gloire. »

96 *Le deuxième point :* considérer que tous ceux qui
auront jugement et raison offriront toute leur personne à la peine.

97 1 *Le troisième point.* Ceux qui voudront mettre tout
leur cœur et se distinguer davantage en tout service
auprès de leur Roi éternel et Seigneur universel,
non seulement offriront leurs personnes à la peine,
2 ¹ mais encore, agissant contre leurs propres sens¹ et
contre leur amour charnel et mondain, ils feront
des offrandes de plus grande valeur et de plus
grande importance, disant :

98 1 « Éternel Seigneur de toutes choses, je fais mon
offrande, avec votre faveur et votre aide, en présence de votre infinie bonté et en présence de
votre Mère glorieuse et de tous les saints et saintes
2 de la cour céleste. Je souhaite et je désire, et c'est
ma décision délibérée, pourvu que ce soit votre
3 plus grand service et votre plus grande louange, ¹
vous imiter en subissant tous les outrages, tout
opprobre et toute pauvreté, aussi bien effective

---

1. Après *contra su propia sensualidad,* del. *si la tubieren* « s'ils en
avaient ».

79

4   que spirituelle, [1] si votre très sainte Majesté veut me choisir et me recevoir en cette vie et en cet état. »

99   *Première remarque.* Cet exercice se fera deux fois dans la journée : le matin, après s'être levé, et une heure avant le repas de midi ou du soir.

100   *Deuxième remarque.* Pour la deuxième Semaine, de même que pour la suite, il est très profitable de lire de temps en temps l'*Imitation de Jésus-Christ*, ou les *Évangiles*[*] et des vies de saints.

LE PREMIER JOUR

LA PREMIÈRE CONTEMPLATION PORTE
SUR L'INCARNATION
*Elle comprend la prière préparatoire, trois préambules,
trois points et un colloque.*

101 1

2   *La prière préparatoire* habituelle.

102 1   *Le premier préambule.* Me rappeler l'histoire que j'ai à contempler ; c'est, ici, comment les trois Personnes divines regardaient toute l'étendue ou la cir-

2   conférence du monde entier, pleine d'hommes, [1] et comment, en voyant qu'ils descendaient tous en enfer, elles décident[1] *en leur éternité*[2] que la deuxième Personne se ferait homme pour sauver le

3   genre humain. *Et ainsi, quand la plénitude des temps fut venue*, elles envoient l'ange Gabriel à Notre Dame.

262

103 1   *Le deuxième préambule.* Une composition en se représentant le lieu ; ce sera, ici, voir la grande

---

1. Litt. « se décide » *se determina* ; le singulier renvoie probablement à la T.S. Trinité.
2. Del. *entre ellas* « entre elles ».

extension et circonférence du monde où se trouvent
2 des peuples si nombreux et si divers ; de même voir
ensuite plus particulièrement la maison et les cham-
bres de Notre-Dame, dans la ville de Nazareth, dans
la province de Galilée.

104   *Le troisième préambule.* Demander ce que je
désire : ce sera, ici, demander une connaissance intérieure du Seigneur qui pour moi s'est fait homme,
pour que je l'aime et le suive davantage.

105 1   *Remarque.* Il convient de remarquer, ici, que
cette même prière préparatoire doit se faire, sans
la modifier, telle qu'elle est indiquée au début ;
2 et que ces trois mêmes préambules doivent se   49
faire pendant cette Semaine et les autres qui sui-
vront, en en modifiant la forme[1] en fonction de
'ce qu'on se propose'.

106 1   *Le premier point :* voir les personnes, les unes et
les autres.
— Premièrement, ceux qui sont sur la face de la
terre, si différents, aussi bien par leur costume que
2 par leur visage, ' les uns blancs et les autres noirs, les
uns en paix et les autres en guerre, les uns pleurant
et les autres riant, les uns en bonne santé et les
autres malades, les uns naissant et les autres mour-
rant, etc.

---

1. *Forma* : ce mot, du vocabulaire de la scolastique, a plusieurs
acceptions. Il est traduit ici par « forme » lorsqu'il est opposé à
materia, « matière » (105,2 et 119). Ailleurs, il prend le sens plus
opératoire de « façon de procéder » (cf. *forma de proceder*, 204,1),
proche de « méthode » ou de « procédure ».

3   — Deuxièmement : voir et considérer les trois Personnes divines, comme sur leur siège royal ou le trône de leur divine majesté ; comment elles regardent toute la face et la circonférence de la terre, et tous les peuples en si grand aveuglement, et comment ceux-ci meurent et descendent en enfer.

4   — Troisièmement : voir Notre-Dame et l'ange qui la salue.

Et réfléchir afin de tirer profit de cette vue.

107 1   *Le deuxième point.* Entendre ce que disent les personnes sur la surface de la terre : comment elles parlent les unes avec les autres, comment elles jurent et blasphèment, etc.

2   De même, ce que disent les Personnes divines, à savoir : « Faisons la rédemption du genre humain, etc. »

3   Et ensuite les paroles de l'ange et de Notre-Dame.

Et réfléchir ensuite afin de tirer profit de leurs paroles.

108 1   *Le troisième point.* Ensuite regarder ce que font les personnes sur la face de la terre : par exemple, se frapper, se tuer, aller en enfer, etc.

2   De même ce que font les Personnes divines : réaliser la très sainte Incarnation, etc.

3   Et de même ce que font l'ange et Notre-Dame : l'ange exerçant son office d'envoyé et Notre-Dame faisant une génuflexion et rendant grâce à la divine majesté.

4   Et réfléchir ensuite afin de tirer profit de chacune de ces choses.

109 1   *Le colloque.* A la fin, faire un colloque en pensant
à ce que je dois dire aux trois Personnes divines, ou
au Verbe éternel incarné, ou à sa Mère, Notre-

2 Dame, ¹ faisant des demandes selon ce que
l'on sentira en soi, afin de suivre et d'imiter davantage notre Seigneur, ainsi tout nouvellement
incarné¹.

Dire un *Pater noster*.

110 1   LA DEUXIÈME CONTEMPLATION PORTE
                    SUR LA NATIVITÉ

2   *La prière préparatoire* habituelle.

111 1   *Le premier préambule* est l'histoire. Ce sera, ici,
comment partirent de Nazareth : Notre-Dame
enceinte de presque neuf mois, assise sur une ânesse

2 *comme on peut pieusement le méditer*, Joseph, ainsi
qu'une servante² emmenant un bœuf, pour aller à
Bethléem payer le tribut que César imposa à toutes
ces régions.

112 1   *Le deuxième préambule :* une composition, en se
représentant le lieu. Ce sera, ici, voir avec les yeux
de l'imagination le chemin de Nazareth à Bethléem,
en considérant sa longueur, sa largeur, s'il est plat,

2 s'il passe par des vallées ou s'il monte. De même,

---

1. Del. *nascido* « né ».
2. L'« ânesse », la « servante », etc. détails ajoutés au texte évangélique, provenant du *Flos Sanctorum* de Jacques de Voragine
(† 1298).

regarder *le lieu ou la grotte de la nativité*[1], si elle est grande ou petite, basse ou haute[2] et comment elle était arrangée.

113   *Le troisième préambule* sera le même et selon la même façon de procéder que dans la contemplation précédente.

114 1   *Le premier point* est de voir les personnes : voir Notre-Dame, Joseph, la servante, et l'Enfant-Jésus
  2 après qu'il est né,[1] me faisant, moi, comme un petit pauvre et un petit esclave indigne qui les regarde, les contemple et les sert dans leurs besoins, comme si je me trouvais présent, avec tout le respect et la révé-
  3 rence possibles. Et réfléchir ensuite en moi-même[3] afin de tirer quelque profit.

115   *Le deuxième point.* Observer ce qu'ils disent, y être attentif et le contempler, et, réfléchissant en moi-même, tirer quelque profit.

116   *Le troisième point.* Regarder et considérer ce qu'ils font : voyager et peiner pour que le Seigneur vienne
  2 à naître dans la plus grande pauvreté[1] et qu'au terme de tant d'épreuves, après la faim, la soif, la chaleur et le froid, les outrages et les affronts, il meure en
  3 croix ; et tout cela pour moi. Puis, réfléchissant, tirer quelque profit spirituel.

---

1. Del. *el diuersorio* « l'auberge ».
2. Litt. « combien elle était grande, etc. » *quan grande, quan pequeño...*
3. *Reflectir en mý mismo*, autre traduction possible « réfléchir sur moi-même ».

117   *Le colloque.* Terminer par un colloque, comme dans la contemplation précédente, et par un *Pater noster.*

118 1   LA TROISIÈME CONTEMPLATION
              SERA UNE RÉPÉTITION DU PREMIER
                 ET DU DEUXIÈME EXERCICE

2   Après la prière préparatoire et les trois préambules, on fera la répétition du premier et du
3   deuxième exercice, ¹ notant chaque fois quelques endroits plus importants où l'on a senti quelque connaissance, consolation ou désolation.

A la fin, faire également un colloque et dire un *Pater noster.*

119   Dans cette répétition et dans toutes celles qui suivent, on gardera la même manière de procéder que dans les répétitions de la première Semaine, en changeant la matière et en conser- 62 vant la forme.

120   LA QUATRIÈME CONTEMPLATION
          SERA UNE RÉPÉTITION DE LA PREMIÈRE
          ET DE LA DEUXIÈME CONTEMPLATION
           *de la même manière que cela s'est fait
              dans la répétition précédente.*

121 1   LA CINQUIÈME CONTEMPLATION
         CONSISTERA A APPLIQUER* LES CINQ SENS
      SUR LA PREMIÈRE ET LA DEUXIÈME CONTEMPLATION

2   Après la prière préparatoire et les trois préambules, il est profitable de repasser avec les cinq sens
de l'imagination la première et la deuxième contemplation, de la manière suivante.

122   *Le premier point :* voir les personnes avec les yeux
de l'imagination, en méditant et en contemplant en
détail, les circonstances dans lesquelles elles se trouvent ; et tirer quelque profit de cette vue.

123   *Le deuxième point :* entendre par l'ouïe ce qu'elles
disent ou peuvent dire ; et, réfléchissant en soi-
même, en tirer quelque profit.

124   *Le troisième point :* percevoir par l'odorat et goûter par le goût l'infinie suavité et douceur de la divinité, de l'âme et de ses vertus*, et de tout le reste,
2   selon la personne que l'on contemple ; réfléchir
en soi-même et en tirer profit.

125   *Le quatrième point :* toucher par le tact ; par exemple, embrasser et baiser les endroits où marchent ces
personnes et où elles s'asseyent, cherchant toujours
à en tirer profit.

126   *Le colloque.* Que l'on termine par un colloque,
comme dans la première et la deuxième contempla- 109 ; 117
tion, et par un *Pater noster*.

127 1 *Première remarque.* Il faut remarquer que, pour toute cette Semaine et pour les autres qui suivent, je ne dois lire que le mystère de la contemplation que j'ai à faire dans l'immédiat; de sorte que, pour le moment, je ne lise aucun mystère que je n'aie à faire ce jour-là et à cette heure-ci, afin que la considération d'un mystère ne gêne pas la considération d'un autre.

2

128 1 *Deuxième remarque.* Le premier exercice de l'Incarnation se fera à minuit; le deuxième, au lever du jour; le troisième, à l'heure de la messe; le quatrième, à l'heure des vêpres et le cinquième, avant l'heure du repas du soir. On demeurera pendant une heure dans chacun des cinq exercices, et on gardera la même manière de faire dans tout ce qui va suivre.

2

129 1 *Troisième remarque.* Il faut remarquer que si celui qui fait les exercices est âgé ou faible, ou si, bien que robuste, il est resté en quelque manière affaibli par la première Semaine, il vaut mieux qu'au cours de la deuxième Semaine, il ne se lève pas à minuit, au moins de temps à autre, et qu'il fasse une contemplation le matin, une autre à l'heure de la messe, une autre avant le repas de midi et, sur celles-ci, une répétition à l'heure des vêpres, puis l'application des sens avant le repas du soir.

2

3

130 1 *Quatrième remarque.* Sur l'ensemble des dix additions que l'on a données en première

Semaine, il faut modifier pendant cette 73-86
deuxième Semaine la deuxième, la sixième, la
septième et, en partie, la dixième.

2   — Pour la deuxième addition : tout de suite 74
après m'être éveillé, me mettre en face de la contemplation que j'ai à faire, désirant connaître
davantage le Verbe éternel incarné, afin de le servir et de le suivre davantage.

3   — Pour la sixième addition : me remettre fré- 78
quemment en mémoire la vie et les mystères du
Christ notre Seigneur, en partant de son Incarnation jusqu'à l'endroit ou au mystère que je
suis en train de contempler.

4   — Pour la septième addition : il faut veiller à 79
faire l'obscurité ou la lumière, à faire usage du
beau ou du mauvais temps, dans la mesure où
celui qui s'exerce sentira que cela peut lui être
profitable et l'aider à trouver ce qu'il désire.

5   — Pour la dixième addition : celui qui s'exerce 82-86
doit se comporter selon les mystères qu'il contemple, car certains demandent que l'on fasse
pénitence et d'autres non.

6   Que l'on fasse donc ces dix additions avec
grand soin.

131 1   *Cinquième remarque.* Dans tous les exercices,
sauf dans celui de minuit et dans celui du matin,
on prendra l'équivalent de la deuxième[1] addi- 74

---

1. *P2* et *V* ajoutent *et tertiae* « et de la troisième ».

2   tion de la manière suivante : dès que je me
rappellerai que c'est l'heure de l'exercice que j'ai
à faire et avant d'y aller, me représenter

3   l'endroit où je vais et devant qui ; repasser un
peu l'exercice que j'ai à faire ; ensuite, faisant la
troisième addition, j'entrerai dans l'exercice.

LE DEUXIÈME JOUR

132 1

PRENDRE COMME PREMIÈRE ET DEUXIÈME CONTEMPLATION LA PRÉSENTATION AU TEMPLE (268) ET LA FUITE EN EXIL VERS L'ÉGYPTE (269)

2 et sur ces deux contemplations on fera deux répétitions et l'application des cinq sens, de la même manière qu'on l'a fait le jour précédent.

133 1 *Remarque.* Il est parfois profitable, même si celui qui s'exerce est vigoureux et dispos, d'introduire des changements à partir de ce deuxième jour jusqu'au quatrième inclusivement, pour mieux trouver ce qu'on désire.

2 Prendre alors une seule contemplation au lever du jour, une autre à l'heure de la messe, et faire sur celles-ci une répétition à l'heure des vêpres puis appliquer les sens avant le repas du soir.

LE TROISIÈME JOUR

134

COMMENT L'ENFANT JÉSUS ÉTAIT OBÉISSANT A SES PARENTS A NAZARETH (271), ET COMMENT, PLUS TARD, ILS LE TROUVÈRENT DANS LE TEMPLE (272)

et ainsi, faire 'ensuite' les deux répétitions et appliquer les cinq sens.

2   Nous avons considéré l'exemple que le Christ
notre Seigneur nous a donné pour le premier état,
qui est d'observer les commandements, lorsqu'il   134
3 vivait lui-même dans l'obéissance à ses parents ; et
pour le second, qui est celui de la perfection évangélique, quand il resta dans le Temple, laissant son
père adoptif et sa mère selon la nature pour se consacrer au pur service de son Père éternel.

4   Nous commencerons maintenant, tout en contemplant sa vie, à chercher et à nous demander en
quelle vie et en quel état sa divine majesté veut se
5 servir de nous[1]. Ainsi, en guise d'introduction,
verrons-nous dans le premier exercice qui suit quel
est le but poursuivi par le Christ notre Seigneur et,
à l'inverse, quel est celui de l'ennemi de la nature
6 humaine, ' et comment nous devons nous disposer
pour arriver à la perfection en quelque état ou vie
que Dieu notre Seigneur nous donnera de choisir.

---

1. *P2* traduit *placeat suae divinae maiestati nos vocare* « il plaît à
sa divine majesté de nous appeler ».

LE QUATRIÈME JOUR
MÉDITATION SUR DEUX ÉTENDARDS[1]
L'UN, CELUI DU CHRIST,
NOTRE SOUVERAIN CAPITAINE[2] ET SEIGNEUR;
L'AUTRE, CELUI DE LUCIFER, MORTEL ENNEMI
DE NOTRE NATURE HUMAINE.

2 *La prière préparatoire* habituelle.

137 *Le premier préambule* est l'histoire. Ce sera, ici, comment le Christ appelle et veut tous les hommes sous son étendard; et, à l'opposé, Lucifer sous le sien.

138 1 *Le deuxième préambule.* Une composition en se représentant le lieu. Ce sera, ici, voir un vaste camp sur toute la région de Jérusalem où le souverain capitaine général des bons est le Christ notre Seigneur; et un autre camp, dans la région de Babylone, où le chef des ennemis est Lucifer.

---

1. *Banderas* : soit un corps de troupe, soit la bannière personnelle de l'officier qui le commande.

2. *Summo capitán* ou *sumo capitán general* : le commandant en chef de l'armée.

139 1   *Le troisième préambule.* Demander ce que je désire. Ce sera, ici, demander la connaissance des tromperies du mauvais chef et une aide pour m'en 2 garder, ' ainsi que la connaissance de la vraie vie qu'enseigne le souverain et vrai capitaine, et la grâce pour l'imiter.

140   *Le premier point.* Imaginer le chef de tous les ennemis comme si, dans ce vaste camp de Babylone, il était assis dans une espèce de grande chaire de feu et de fumée, le visage horrible et terrifiant.

141 1   *Le deuxième point.* Considérer comment il fait appel à d'innombrables démons et comment il les répand, les uns dans telle ville, les autres dans telle 2 autre, ' et ainsi dans le monde entier, sans omettre ni province, ni localité, ni état, ni aucune personne en particulier.

142 1   *Le troisième point.* Considérer le discours qu'il leur adresse et comment il leur enjoint de lancer 2 filets et chaînes. D'abord, ils doivent tenter par la convoitise des richesses *comme cela arrive 'le plus souvent'*, pour que les hommes en viennent plus facilement à l'honneur vain du monde et, ensuite, à un immense orgueil.

3   De sorte que le premier échelon soit celui des richesses, le deuxième celui de l'honneur et le troisième celui de l'orgueil ; à partir de ces trois échelons, il entraîne à tous les autres vices.

143   C'est ainsi, mais à l'inverse, qu'il faut s'imaginer le souverain et vrai capitaine, qui est le Christ notre Seigneur.

144   *Le premier point* est de considérer comment le Christ notre Seigneur se tient dans un vaste camp de la région de Jérusalem, en un lieu humble, beau et gracieux.

145   *Le deuxième point.* Considérer comment le Seigneur du monde entier choisit un grand nombre de personnes, apôtres, disciples, etc., et les envoie dans le monde entier répandre sa sainte doctrine parmi les hommes de tout état et de toute condition.

146 1 *Le troisième point.* Considérer le discours que le Christ notre Seigneur adresse à tous ses serviteurs et
2   à tous ses amis qu'il envoie à cette expédition. Il leur recommande de vouloir aider tous les hommes en les amenant premièrement à la plus grande pau-
3   vreté spirituelle, ¹ et non moins, si sa divine majesté devait en être servie et voulait bien les y choisir, à la
4   pauvreté effective; deuxièmement, au désir des opprobres et des mépris, parce que de ces deux choses résulte l'humilité*.
5   De sorte qu'il y ait trois échelons : le premier, la pauvreté opposée à la richesse ; le deuxième, l'opprobre ou le mépris opposé à l'honneur mon-
6   dain ; le troisième, l'humilité opposée à l'orgueil. Et à partir de ces trois échelons, qu'ils les entraînent à toutes les autres vertus.

147 1   *Un colloque* à Notre-Dame pour qu'elle m'obtienne de son Fils et Seigneur la grâce d'être reçu sous son étendard :

2   — premièrement, dans la plus grande pauvreté spirituelle et, si sa divine majesté devait en être servie et voulait me choisir et recevoir, non moins dans la pauvreté effective ;

3   — secondement, en endurant opprobres et outrages afin de l'imiter par là davantage, pourvu que je puisse les endurer sans qu'il y ait péché de quiconque, ni déplaisir de sa divine majesté. Après cela, un *Ave Maria*.

4   *Le deuxième colloque :* demander la même chose au Fils, pour qu'il me l'obtienne du Père. Et après cela, l'*Anima Christi*.

5   *Le troisième colloque :* demander la même chose au Père, pour qu'il me l'accorde. Dire un *Pater noster*.

148 1   *Remarque.* Cet exercice se fera à minuit et ensuite une autre fois le matin ; on fera deux répétitions de ce même exercice, à l'heure de la messe et à l'heure des vêpres, 2 en terminant toujours par les trois colloques à Notre-Dame, au Fils et au Père. L'exercice suivant, des Trois Hommes, se fera à l'heure précédant le repas du soir.

149 1   *Ce même quatrième jour on fera*
LA MÉDITATION DES TROIS HOMMES[1]
pour embrasser ce qui est meilleur.

2   *La prière préparatoire* habituelle.

150 1   *Le premier préambule* est l'histoire. Celle de trois hommes : chacun d'eux a acquis dix mille ducats, mais non pas purement et[2] comme il se doit pour

2   l'amour de Dieu. Tous veulent se sauver et trouver dans la paix Dieu notre Seigneur, en écartant d'eux le fardeau et l'obstacle qu'est, pour cela, leur affection pour la chose acquise.

151   *Le deuxième préambule.* Une composition en se représentant le lieu. Ce sera, ici, me voir moi-même devant Dieu notre Seigneur et tous ses saints, afin de désirer et connaître ce qui est plus agréable à sa divine bonté.

152   *Le troisième préambule :* demander ce que je désire ; ce sera, ici, demander la grâce de choisir ce qui est davantage ordonné à la gloire de sa divine majesté et au salut de mon âme.

153   *Le premier homme* voudrait bien écarter l'inclination qu'il a pour la chose acquise, afin de trouver dans la paix Dieu notre Seigneur et pouvoir se sau-

---

1. « Trois hommes » traduit l'expression *tres binarios*, du latin *homo binarius* ou *binarius* qui désignait, dans les cas de morale de l'époque, un homme quelconque, dit « binaire » parce que composé de deux éléments : le corps et l'âme. Cf. (47,6).
2. Certains lisent *o* « ou », au lieu de *y* « et ».

ver; mais il n'en prend pas les moyens jusqu'à
l'heure de la mort.

154 1   *Le deuxième homme* veut écarter l'inclination;
mais il veut l'écarter tout en gardant la chose
acquise, de telle façon que Dieu en vienne là où il
2 veut. Et il ne se décide pas à l'abandonner pour aller
à Dieu, quand bien même cela devrait être le meilleur état pour lui.

155 1   *Le troisième homme* veut écarter l'inclination,
mais il veut l'écarter de telle manière qu'il n'a pas
plus envie d'avoir la chose acquise que de ne pas
2 l'avoir. Ce qu'il veut uniquement, c'est vouloir la
garder ou non, selon ce que Dieu notre Seigneur
mettra en sa volonté et ce qui lui semblera meilleur
à lui-même pour le service et la louange de sa divine
3 majesté. En attendant, il veut faire comme s'il
renonçait affectivement à tout, s'efforçant de ne
vouloir ni cette chose ni aucune autre s'il n'y est pas
poussé uniquement par le service de Dieu notre Sei-
4 gneur. De la sorte, c'est le désir de pouvoir mieux
servir Dieu notre Seigneur qui le pousse à prendre
la chose ou à la laisser.

156   *Les trois colloques.* Faire les trois mêmes colloques
que l'on a faits dans la contemplation précédente
des deux Étendards.

157 1   *Remarque.* Il faut remarquer que lorsque nous
sentons de l'inclination ou de la répugnance

contre la pauvreté effective et que nous ne sommes pas indifférents à la pauvreté ou à la
2 richesse, ¹ il est très profitable, pour éteindre
cette inclination désordonnée, de demander
dans les colloques, bien que ce soit contre la
chair, que le Seigneur nous choisisse pour la pau-
3 vreté effective, ¹ et dire que nous le désirons, le
demandons et l'en supplions, pourvu que ce soit
pour le service et la louange de sa divine bonté.

158 ## LE CINQUIÈME JOUR
CONTEMPLATION SUR LE DÉPART DU CHRIST
NOTRE SEIGNEUR DE NAZARETH POUR LE
FLEUVE DU JOURDAIN, ET COMMENT IL FUT
BAPTISÉ (273)

159 1   *Première remarque.* Cette contemplation se
fera une fois à minuit et une autre fois le matin ;
puis on en fera deux répétitions à l'heure de la
messe et à celle des vêpres ; puis, avant le repas
du soir, on y appliquera les cinq sens.
2   Pour chacun de ces cinq exercices, placer au
début la prière préparatoire habituelle et les trois
préambules, comme tout cela a été expliqué dans
la contemplation de l'Incarnation et de la Nati- 101-105
3 vité ; et l'on terminera par le triple colloque des 110-113
Trois Hommes, ou selon la remarque qui fait 156
suite à la méditation des Trois Hommes. 157

160   *Deuxième remarque.* L'examen particulier, après les repas de midi et du soir, se fera sur les fautes et les négligences concernant les exercices et les additions de ce jour-là; on fera de même les jours suivants.

161 1

LE SIXIÈME JOUR
CONTEMPLATION
COMMENT LE CHRIST NOTRE SEIGNEUR ALLA DU FLEUVE DU JOURDAIN JUSQU'AU DÉSERT INCLUSIVEMENT

274

On suivra en tout la même façon de procéder qu'au cinquième jour. 159

2

LE SEPTIÈME JOUR
COMMENT SAINT ANDRÉ ET LES AUTRES SUIVIRENT LE CHRIST NOTRE SEIGNEUR (275)

3

LE HUITIÈME JOUR
LE SERMON SUR LA MONTAGNE SUR LES HUIT BÉATITUDES (278)

4

LE NEUVIÈME JOUR
COMMENT LE CHRIST NOTRE SEIGNEUR APPARUT A SES DISCIPLES SUR LES FLOTS DE LA MER (280)

5

LE DIXIÈME JOUR
COMMENT LE SEIGNEUR PRÊCHAIT *DANS LE*[1] TEMPLE (288)

6

LE ONZIÈME JOUR
LA RÉSURRECTION DE LAZARE (285)

7

LE DOUZIÈME JOUR
LE JOUR DES RAMEAUX (287)

162 1   *Première remarque :* dans les contemplations de cette deuxième Semaine, on peut, selon le temps que chacun désire y consacrer ou selon le

2 profit qu'il en retire, allonger ou abréger. Pour allonger, prendre les mystères de la Visitation de Notre-Dame à sainte Élisabeth, des Bergers, de 263-265 la Circoncision de l'Enfant-Jésus, des Trois Rois, 266-267

3 et d'autres encore ; pour abréger, on peut aussi

---

1. Del. *en un*, « dans un ».

supprimer certains de ceux qui sont proposés ;
en effet, il s'agit ici de donner une introduction
et une manière de faire pour, ensuite, contempler mieux et de façon plus complète.

163   *Deuxième remarque :* c'est à partir de la contemplation du cinquième jour, celle de Nazareth
au Jourdain inclusivement, que l'on commen-   158
cera à aborder la matière des élections, selon ce
qui est expliqué plus loin.

        169-174

164 1   *Troisième remarque :* avant d'entrer dans les
élections et pour s'attacher à la véritable doctrine du Christ notre Seigneur, il est très profitable de considérer les trois sortes d'humilité qui
suivent et d'y prêter attention, les considérant
2   de temps en temps tout au long de la journée, et
aussi de faire les colloques, ainsi qu'on le dira
plus loin.

       168

[LES TROIS SORTES D'HUMILITÉ[1]]

165 1   *La première sorte d'humilité* est nécessaire au salut éternel. Elle consiste à m'abaisser et m'humilier autant que cela m'est possible pour que, en tout,

2   j'obéisse à la loi de Dieu notre Seigneur. De la sorte, même si on faisait de moi le maître de toutes les choses créées en ce monde ou s'il y allait de ma propre vie temporelle, je ne me déciderais jamais à transgresser un commandement, soit divin soit humain, qui m'oblige sous peine de péché mortel.

166 1   *La deuxième sorte d'humilité* est une humilité plus parfaite que la première. Elle consiste en ceci : je me trouve à un point tel que je ne veux ni ne souhaite avoir la richesse plutôt que la pauvreté, vouloir l'honneur plutôt que le déshonneur, désirer une vie

2   longue plutôt qu'une vie courte, ¹ étant égal le service de Dieu notre Seigneur et le salut de mon âme ; et en outre, même au prix de tout le créé ou si l'on

---

1. Add. « Les trois sortes d'humilité ». Ce titre figure au haut de la page du manuscrit, sous forme de titre courant.

en venait à m'ôter la vie, je ne me déciderais jamais à commettre un péché véniel.

167 1   *La troisième sorte d'humilité* est une humilité très parfaite : c'est quand, tout en incluant la première et la deuxième, la louange et la gloire de sa divine 2 majesté étant égales, ' je veux et je choisis, pour imiter le Christ notre Seigneur et lui ressembler 3 plus effectivement, ' la pauvreté avec le Christ pauvre plutôt que la richesse, les opprobres avec le Christ couvert d'opprobres plutôt que les hon-4 neurs ; et je désire être tenu pour insensé et fou pour le Christ qui, le premier, a été tenu pour tel, plutôt que sage et prudent dans ce monde.

168 1   *Remarque.* Ainsi, pour qui désire parvenir à cette troisième humilité, il est très profitable de faire les trois colloques, déjà mentionnés, des 2 Trois Hommes, ' en demandant que notre Sei- 156 gneur veuille bien le choisir pour cette troisième humilité, plus grande et meilleure, afin de l'imiter et de le servir davantage, si le service et la louange de sa divine majesté devait être égal ou plus grand.

PRÉAMBULE POUR FAIRE ÉLECTION

2   En toute bonne élection, dans la mesure où cela dépend de nous, l'œil de notre intention doit être simple, regardant uniquement ce pour quoi je suis créé : pour la louange de Dieu notre Seigneur et le 3 salut de mon âme. Aussi, quelle que soit la chose que je choisisse, elle doit m'aider en vue de la fin pour laquelle je suis créé, sans ordonner ni soumettre la fin au moyen, mais le moyen à la fin.

4   Il arrive, par exemple, que beaucoup choisissent en premier lieu de se marier, ce qui est un moyen, et en second lieu de servir Dieu notre Seigneur dans le mariage, alors que servir Dieu est la fin ; de même, il en est d'autres qui veulent d'abord posséder des bénéfices et, ensuite, y servir Dieu. De la sorte ceux-là ne vont pas droit à Dieu, mais ils veulent que Dieu vienne droit à leurs affections désordonnées ; par conséquent, ils font de la fin un moyen et du moyen une fin, de sorte que ce qu'ils devraient mettre en premier, ils le mettent en dernier.

6   Car nous devons nous proposer en premier lieu, comme objectif, de vouloir servir Dieu, ce qui est *la* fin, et en second lieu de prendre un bénéfice ou de me marier, si cela est préférable pour moi, ce qui est

7   le moyen en vue de la fin. Ainsi rien ne doit me pousser à prendre tel ou tel moyen ou à m'en priver, si ce n'est uniquement le service et la louange de Dieu notre Seigneur et le salut éternel de mon âme.

170 1   [NOTE[1]]

POUR PRENDRE CONNAISSANCE DES CHOSES SUR
LESQUELLES ON DOIT FAIRE ÉLECTION
Elle comprend quatre points et une remarque

2   *Le premier point.* Il est nécessaire que toutes les choses sur lesquelles nous voulons faire élection soient bonnes ou indifférentes en elles-mêmes, et qu'elles soient en accord avec notre sainte Mère l'Église hiérarchique, et ne soient ni mauvaises ni en opposition avec elle.

171 1   *Le deuxième point.* Il y a des choses qui relèvent d'une élection irrévocable, comme par exemple le

2   sacerdoce, le mariage, etc.; il y en a d'autres qui relèvent d'une élection révocable, comme par exemple prendre des bénéfices ou y renoncer, prendre des biens temporels ou les rejeter.

---

1. Add. « Note » *P2* ajoute *documentum* et *V introductio*.

172 1   *Le troisième point.* Dans l'élection irrévocable, puisque l'élection a déjà été faite une fois, il n'y a plus à choisir, puisqu'on ne peut se délier, comme
2   par exemple pour le mariage, le sacerdoce, etc. Si l'élection n'a pas été faite comme il se doit et de façon ordonnée, sans affections désordonnées, la seule chose à voir, après s'en être repenti, est de chercher à mener une vie bonne dans l'élection qu'on a faite.

3   Une telle élection ne *paraît pas être une vocation divine*[1], car c'est une élection désordonnée et oblique ; beaucoup de gens se trompent en cela, faisant d'une élection oblique ou mauvaise, une voca-
4   tion *divine.* En effet toute vocation divine est toujours pure et nette, sans qu'il s'y mêle rien qui vienne de la chair ni de quelque autre affection désordonnée.

173 1   *Le quatrième point.* Si quelqu'un a fait, sur des choses relevant d'une élection révocable, une élection comme il se doit et de façon ordonnée, sans
2   que la chair ni le monde s'y mêlent[2], il n'y a pas lieu de refaire l'élection, mais de se perfectionner en celle-ci autant qu'on le pourra.

---

1. Del. *podemos dezir que fuese vocación.* Le texte disait donc : « nous ne pouvons pas dire qu'elle fut une vocation ».

2. « S'y mêlent » traduit *llegando,* mis pour *allegando* ; cf. *P2 absque aliqua admixione carnis.*

174 1   *Remarque.* Il faut remarquer que, si cette élection révocable n'a pas été faite de façon sincère

2   et bien ordonnée, ¹ il y a, dans ce cas, profit à refaire l'élection comme il se doit, pour quiconque aurait le désir que naissent de lui des fruits notables et très agréables à Dieu notre Seigneur.

175 1

TROIS TEMPS

POUR FAIRE EN CHACUN D'EUX

UNE SAINE ET BONNE ÉLECTION

2   *Le premier temps* est lorsque Dieu notre Seigneur meut et attire la volonté de telle façon que, sans douter ni pouvoir douter, l'âme qui lui est fidèle 3 suit ce qui lui est indiqué ; c'est ce que firent par exemple saint Paul et saint Matthieu, en suivant le Christ notre Seigneur.

176   *Le deuxième temps* est lorsqu'on reçoit suffisamment de lumières et de connaissances par l'expérience des consolations et des désolations, et par l'expérience du discernement* des divers esprits.

177 1   *Le troisième temps* est tranquille : considérant d'abord pourquoi l'homme est né, c'est-à-dire pour 2 louer Dieu notre Seigneur et sauver son âme, ¹ et désirant cela, on choisit, comme moyen, une vie ou un état dans les limites approuvées par l'Église, afin d'y trouver une aide pour le service de son Seigneur et le salut de son âme.

109

3   J'ai dit un temps tranquille : quand l'âme n'est pas agitée par divers esprits et se sert de ses facultés naturelles, librement et tranquillement.

178 1   Si l'élection ne se fait pas dans le premier ou le deuxième temps, on suivra pour ce troisième temps, deux manières pour la faire.

2   PREMIÈRE MANIÈRE
POUR FAIRE UNE SAINE ET BONNE ÉLECTION
Elle comprend six points

3   *Le premier point.* Me représenter la chose sur laquelle je veux faire élection, comme par exemple une charge ou un bénéfice à prendre ou à laisser, ou toute autre chose qui relève d'une élection révocable.

179 1   *Le deuxième point.* Il est nécessaire d'avoir pour objectif la fin pour laquelle je suis créé : louer Dieu
2   notre Seigneur et sauver mon âme ; en outre, je dois me trouver indifférent, sans aucune affection désordonnée, de sorte que je ne sois pas incliné ni porté davantage à prendre la chose envisagée qu'à la lais-
3   ser, ni davantage à la laisser qu'à la prendre. Mais que je sois au milieu, comme l'aiguille d'une balance, afin de suivre ce que je sentirai être davantage à la gloire et à la louange de Dieu notre Seigneur et au salut de mon âme.

180 1   *Le troisième point.* Demander à Dieu notre Seigneur qu'il veuille bien mouvoir ma volonté et mettre en mon âme ce que je dois faire, au sujet de la chose envisagée, qui soit davantage à sa louange et 2 à sa gloire, [1] réfléchissant bien et fidèlement avec mon intelligence et choisissant conformément à sa très sainte et bienveillante[1] volonté.

181 1   *Le quatrième point.* Considérer, en réfléchissant, combien d'avantages et de profits découlent pour moi du fait d'avoir la charge ou le bénéfice envisagé, pour la seule louange de Dieu notre Seigneur et le 2 salut de mon âme ; et, à l'inverse, considérer de même les désavantages et les dangers qu'il y a à les avoir.

3   Dans la seconde partie faire de même : regarder les avantages et les profits qu'il y a à ne pas les avoir et aussi, à l'inverse, regarder les désavantages et les dangers qu'il y a à ne pas les avoir.

182 1   *Le cinquième point.* Après avoir ainsi parcouru le sujet et réfléchi à tous les aspects de la chose envisagée, je regarderai de quel côté la raison incline 2 davantage. C'est donc d'après la plus forte motion de la raison, et non d'après quelque motion des sens, qu'il faut faire le choix concernant la chose envisagée.

---

1. Litt. « approuvante » *beneplacita*.

183 1 *Le sixième point.* Cette élection ou ce choix étant fait, celui qui l'a fait doit, avec beaucoup d'empressement, aller à la prière devant Dieu notre Seigneur

2 ¹ et lui offrir cette élection, afin que sa divine majesté veuille bien la recevoir et la confirmer, si tel est son plus grand service et sa plus grande louange.

184 1 SECONDE MANIÈRE
POUR FAIRE UNE SAINE ET BONNE ÉLECTION
Elle comprend quatre règles et une remarque

2 *La première règle.* Que cet amour qui me meut et me fait choisir telle chose, descende d'en haut, de

3 l'amour de Dieu, ¹ de sorte que celui qui choisit sente d'abord, en lui, que l'amour plus ou moins grand qu'il porte à la chose qu'il choisit est uniquement pour son Créateur et Seigneur.

185 1 *La deuxième règle.* Imaginer un homme que je n'ai jamais vu ni connu et moi, désirant pour lui une totale perfection, considérer ce que je lui dirais de faire et de choisir pour une plus grande gloire de Dieu notre Seigneur et une plus grande perfection

2 de son âme; et moi, faisant de même, j'observerai la règle que j'établis pour autrui.

186 *La troisième règle.* Considérer, comme si j'étais à l'article de la mort, la façon de procéder et la norme que je voudrais alors avoir suivies dans la manière de faire la présente élection; puis, me réglant sur elle, prendre définitivement ma décision.

187 1   *La quatrième règle.* Regarder et considérer comment je serai au jour du jugement et penser comment je voudrais alors *avoir* pris ma décision au
2   sujet de la chose présente; la règle que je voudrais alors avoir suivie, l'adopter maintenant pour que je sois alors dans un bonheur et une joie totale.

188   *Remarque.* Après avoir adopté les règles précédentes pour mon salut et mon repos éternel, je ferai mon élection et mon offrande à Dieu notre Seigneur, conformément au sixième point de la 183 première manière de faire élection.

POUR AMENDER ET RÉFORMER
SA PROPRE VIE ET SON ÉTAT

2   A propos de ceux qui sont établis dans une
dignité ecclésiastique ou dans le mariage, qu'ils aient
des biens temporels en abondance ou non, on
3 remarquera ce qui suit. Lorsqu'il n'y a pas lieu pour
eux de faire élection sur des choses qui relèvent
d'une élection révocable, ou qu'ils n'ont pas la
4 volonté très prête à le faire, [1] il est très profitable, au
lieu d'une élection, de leur donner une façon et
manière de faire pour amender et réformer la vie et
5 l'état propre à chacun ; et cela, en soumettant son
être de créature, sa vie et son état à la gloire et à la
louange de Dieu notre Seigneur et au salut de son
âme.
6   Pour parvenir et arriver à cette fin, on doit bien
considérer et ruminer, au cours des exercices et des
manières de faire élection[1] selon ce qui a été exposé,
7 [1]quel train de maison et quelle domesticité on doit
avoir, comment on doit la diriger et la gouverner,

---

1. Litt. « de choisir » *eligir*.

comment on doit l'enseigner par la parole et par
8 l'exemple; et de même, pour les ressources, combien on doit prendre pour sa domesticité et le train de sa maison, et combien pour distribuer aux pauvres ou à d'autres bonnes œuvres.

9 On ne désirera ni ne cherchera rien d'autre, en tout et pour tout, qu'une plus grande louange et
10 gloire de Dieu notre Seigneur; car chacun doit penser qu'il progressera d'autant plus en toutes choses spirituelles qu'il sortira de son amour, de son vouloir et de ses intérêts propres.

[Troisième Semaine[1]]

1. Ce titre est repris du titre courant qui figure au recto du folio 31.

LE PREMIER JOUR

LA PREMIÈRE CONTEMPLATION
à minuit
COMMENT LE CHRIST NOTRE SEIGNEUR
S'EN ALLA DE BÉTHANIE VERS JÉRUSALEM
JUSQU'A LA CÈNE INCLUSIVEMENT (289)
*Elle comprend la prière préparatoire, trois préambules,
six points et un colloque*

2   *La prière préparatoire* habituelle.

191 1   *Le premier préambule* est de se rappeler l'histoire. C'est, ici, comment, de Béthanie, le Christ notre Seigneur envoya deux disciples à Jérusalem pour préparer la Cène et comment, ensuite, il s'y rendit
2 lui-même avec les autres disciples ; comment, après avoir mangé l'agneau pascal et pris le repas, il leur lava les pieds ; comment il donna son très saint corps et son précieux sang à ses disciples, et leur fit un discours, après que Judas fut parti pour trahir son Seigneur.

192 1   *Le deuxième préambule.* Faire une composition en se représentant le lieu. Ce sera, ici, considérer le
2 chemin de Béthanie à Jérusalem : voir s'il est large,

s'il est étroit, s'il est plat, etc. Faire de même pour le lieu de la Cène, voir s'il est grand, s'il est petit, s'il se présente de telle ou telle manière.

193   *Le troisième préambule.* Demander ce que je désire. Ce sera, ici, douleur, regret et confusion, parce que c'est pour mes péchés que le Seigneur va à la Passion.

194 1   *Le premier point.* Voir les personnes de la Cène et, réfléchissant en moi-même, chercher à en tirer[1] quelque profit.

2   *Le deuxième point.* Entendre ce qu'elles disent et, de même, en tirer quelque profit.

3   *Le troisième point.* Observer ce qu'elles font et tirer quelque profit.

195 1   *Le quatrième point.* Considérer ce que le Christ notre Seigneur souffre *en son humanité* ou désire souffrir, selon la scène de la Passion que je contem-
2   ple. Ici, commencer, de toutes mes forces, à faire effort pour m'affliger, m'attrister et pleurer. Travailler de la même manière tout au long des autres points qui suivent.

---

1. « En tirer », c'est-à-dire, « tirer, du regard porté sur chacune de ces personnes ».

196   *Le cinquième point.* Considérer comment la divinité se cache, c'est-à-dire comment elle pourrait détruire ses ennemis et ne le fait pas, et comment elle laisse la très sainte humanité souffrir si cruellement.

197   *Le sixième point.* Considérer comment il souffre tout cela pour mes péchés, etc., et ce que, moi, je dois faire et souffrir pour lui.

198   *Le colloque.* Terminer par un colloque au Christ notre Seigneur et, à la fin, par un *Pater noster*.

199 1   *Remarque.* Il faut remarquer, comme cela a été   54 ; 109,2
expliqué en partie précédemment, que dans les colloques nous devons parler et adresser nos demandes en fonction de 'ce qu'on se propose' ;
2   c'est-à-dire selon que je me trouve tenté ou consolé, selon que je désire avoir telle vertu ou telle autre, selon que je veux disposer de moi pour tel parti ou pour tel autre, selon que je veux m'affliger ou me réjouir de la chose que je
3   contemple ; en définitive, demander ce que je désire le plus ardemment concernant certaines
4   choses particulières. De cette manière on peut faire un seul colloque au Christ notre Seigneur, ou bien, si la matière ou la dévotion nous y portent, on peut faire trois colloques : un à la
5   Mère, un autre au Fils, un autre au Père, ¹ selon la façon de procéder indiquée en deuxième

Semaine, dans la méditation des Trois Hommes[1] 156
avec la remarque qui y fait suite. 157

200 1   LA DEUXIÈME CONTEMPLATION
au matin
DEPUIS LA CÈNE JUSQU'AU JARDIN INCLUSIVEMENT

2   *La prière préparatoire* habituelle.

201 1   *Le premier préambule* est l'histoire. Ce sera, ici,
comment le Christ notre Seigneur descendit, avec
ses disciples, du mont Sion où il avait fait la Cène,
2   vers la vallée de Josaphat,¹ en en laissant huit dans
une partie de la vallée et les trois autres dans une
3   partie du jardin ; comment, se mettant en prière,
il sue une sueur *semblable à des gouttes de sang*[2];
4   comment, après qu'il eut prié par trois fois le Père,
qu'il eut réveillé ses trois disciples, qu'à sa voix ses
ennemis tombèrent, que Judas lui donna le baiser de
5   paix ¹ et que saint Pierre coupa l'oreille de Malchus
6   — le Christ la remettant à sa place —, il fut arrêté
comme un malfaiteur et emmené, descendant la vallée et remontant ensuite la pente, vers la maison
d'Anne.

202   *Le deuxième préambule.* Voir le lieu. Ce sera, ici,
considérer le chemin qui va du mont Sion à la vallée

---

1. Litt. « des deux hommes » *de los dos binarios* ; probablement
une erreur de dictée. Le texte auquel il est renvoyé (156), renvoie
lui-même aux colloques des deux étendards (147).

2. Del. *simile a sudor sanguineo* « semblable à de la sueur de
sang ».

de Josaphat ; et pareillement, le jardin : considérer s'il est large, s'il est long, s'il se présente de telle ou telle manière.

203   *Le troisième préambule.* Demander ce que je désire. Ce qui est particulier aux demandes de la Passion, c'est la douleur avec le Christ douloureux, l'accablement avec le Christ accablé, les larmes, la peine intérieure pour la peine si grande que le Christ a endurée pour moi.

204 1   *Première remarque.* Dans cette seconde contemplation, après avoir fait la prière préparatoire et les trois préambules déjà mentionnés, on gardera la même façon de procéder que l'on avait dans la première contemplation, celle de la

2   Cène, par points et colloque. A l'heure de la   194-198
messe et des vêpres, on fera deux répétitions sur la première et la seconde contemplation ; ensuite, avant le repas du soir, on appliquera les sens sur les deux contemplations mentionnées plus haut.

3   On fera toujours d'abord la prière préparatoire et les trois préambules, en fonction de 'ce qu'on se propose' et selon la même façon de procéder que celle indiquée et expliquée dans la deuxième Semaine.

                                              159,3

205   *Deuxième remarque.* Dans la mesure où son âge, ses forces et son tempérament le lui permettront, celui qui s'exerce fera chaque jour les cinq exercices ou en fera moins.

206 1   *Troisième remarque.* Pendant cette troisième Semaine, on modifiera en partie la deuxième et la sixième addition.

2   — La deuxième addition : ce sera, tout de suite 74 après m'être réveillé, me représenter l'endroit où je vais et pour quoi faire, repasser un peu la contemplation que je veux faire suivant le mystère dont il s'agit. Je m'efforcerai, pendant 3 que je me lève et m'habille, de m'attrister et de m'affliger pour la si grande douleur et la si grande souffrance du Christ notre Seigneur.

4   — La sixième addition se modifiera ainsi : ne 78 pas chercher à faire naître en moi des pensées joyeuses, même bonnes et saintes, comme sont par exemple celles de la résurrection et de la gloire, mais m'inciter plutôt à la douleur, à la 5 peine et à l'accablement,¹ me remettant fréquemment en mémoire les épreuves, les angoisses et les douleurs que le Christ notre Seigneur a endurées depuis le moment où il est né jusqu'au mystère de la Passion où je me trouve actuellement.

207   *Quatrième remarque.* L'examen particulier sur les exercices et les présentes additions se fera comme pendant la Semaine précédente. 160

Troisième semaine

1

LE DEUXIÈME JOUR
à minuit
CONTEMPLATION DEPUIS LE JARDIN JUSQU'A
LA MAISON D'ANNE INCLUSIVEMENT (291)
au matin
DE LA MAISON D'ANNE JUSQU'A LA MAISON
DE CAÏPHE INCLUSIVEMENT (292)

2   Ensuite les deux répétitions et l'application des sens, selon ce qui a déjà été dit.   204

3

LE TROISIÈME JOUR
à minuit
DE LA MAISON DE CAÏPHE A PILATE
INCLUSIVEMENT (293)
au matin
DE PILATE A HÉRODE INCLUSIVEMENT (294)

4   Ensuite les répétitions et l'application des sens, selon la façon de procéder qui a déjà été indiquée.   204

5

LE QUATRIÈME JOUR
à minuit
D'HÉRODE A PILATE (295)

Faire la contemplation jusqu'à la première moitié des mystères accomplis dans cette même maison de Pilate.

6   Ensuite dans l'exercice du matin les autres mystères qui restent à voir dans cette même maison ; puis
les répétitions et l'application des sens, comme il a
été dit.

204

7   LE CINQUIÈME JOUR
à minuit
DE LA MAISON DE PILATE
JUSQU'A LA MISE EN CROIX (296)
au matin
DEPUIS QU'IL FUT ÉLEVÉ EN CROIX
JUSQU'A CE QU'IL EUT EXPIRÉ (297).

Ensuite deux répétitions et l'application des sens.

8   LE SIXIÈME JOUR
à minuit
DEPUIS LA DESCENTE DE CROIX
JUSQU'AU TOMBEAU, NON COMPRIS (298)
au matin
DEPUIS LE TOMBEAU INCLUSIVEMENT[1]
JUSQU'A LA MAISON OÙ NOTRE DAME SE RENDIT
APRÈS QUE SON FILS EUT ÉTÉ ENSEVELI

---

1. Del. *fol. lit.* « folio... lettre... ».

Troisième semaine

LE SEPTIÈME JOUR
9

CONTEMPLATION DE TOUT L'ENSEMBLE
DE LA PASSION
pendant l'exercice de minuit et du matin

10   A la place des deux répétitions et de l'application des sens, considérer pendant toute cette journée, aussi fréquemment qu'on le pourra, comment le corps très saint du Christ notre Seigneur resta détaché et séparé de l'âme, et où et comment il fut ense-

11 veli. Considérer de même la solitude de Notre-Dame, dans une si grande douleur et angoisse ; puis, d'autre part, celle des disciples.

209 1   *Remarque*. Il faut remarquer que celui qui veut rester davantage sur la Passion doit prendre dans chaque contemplation moins de mystères :

— dans la première contemplation, uniquement la Cène ;

2   — dans la deuxième, le lavement des pieds ;

— dans la troisième, le don du sacrement de l'Eucharistie aux disciples ;

— dans la quatrième, le discours que le Christ leur adresse ; et pareillement pour les autres contemplations et mystères.

3   De même, après avoir terminé la Passion, qu'il prenne pendant un jour entier la moitié de toute la Passion ; le deuxième jour l'autre moitié, et le troisième jour toute la Passion.

4   Par contre, celui qui voudrait abréger la Passion, prendra à minuit la Cène ; au matin, le jar-

din ; à l'heure de la messe, la maison d'Anne ; à l'heure des vêpres, la maison de Caïphe ; et à

5 l'heure qui précède le repas du soir[1], la maison de Pilate. Ainsi sans faire de répétition ni d'application des sens, il fera chaque jour cinq exercices différents et prendra pour chaque exercice un mystère, différent, du Christ notre Seigneur.

6 Et après avoir terminé toute la Passion, il peut faire un autre jour, l'ensemble de toute la Passion en un ou plusieurs exercices, selon qu'il estimera pouvoir en profiter davantage.

---

1. Litt. « au lieu de l'heure avant le repas » *en lugar de la hora antes de çena.*

RÈGLES POUR S'ORDONNER DORÉNAVANT
DANS LA NOURRITURE

2   *La première règle.* Pour le pain, il convient moins
de s'en abstenir, car ce n'est pas un aliment sur
lequel, habituellement, l'appétit est tellement désordonné, ou sur lequel la tentation se fasse pressante,
comme pour les autres aliments.

211 1   *La deuxième règle.* Pour ce qui est de la boisson,
l'abstinence paraît plus opportune que pour ce qui
2   est de manger du pain. C'est pourquoi il faut bien
regarder ce qui est profitable, pour l'adopter, et ce
qui est nuisible, pour le rejeter.

212 1   *La troisième règle.* Pour les aliments, il faut pratiquer la plus grande et la plus complète abstinence[1],
car en ce domaine, l'appétit est plus prompt à se
désordonner et la tentation plus prompte à
2   chercher[2] une occasion[3]. Ainsi, pour éviter tout

---

1. C'est-à-dire non pas de s'abstenir complètement, mais de se limiter.

2. *Inuestigar*; d'autres copies ont *ynstigar* : « pousser à », « exci-ter ».

3. Add. « une occasion ».

désordre, on peut pratiquer l'abstinence sur les aliments de deux manières : l'une en s'habituant à manger des mets ordinaires, l'autre en n'en mangeant, s'ils sont raffinés, qu'en petite quantité.

213 1   *La quatrième règle.* Tout en prenant garde de ne pas tomber malade, plus on retranchera sur ce qui convient, et plus vite on parviendra à la juste mesure qu'il faut garder dans la nourriture et la boisson ; cela pour deux raisons.

2   La première : en prenant ces moyens et en se disposant ainsi, on sentira souvent davantage les connaissances intérieures, les consolations et les inspirations divines qui nous indiquent la juste mesure qui nous convient.

3   La seconde : si l'on voit que, dans cette abstinence, on n'a pas beaucoup de forces physiques ni de capacités pour les exercices spirituels, on en viendra facilement à juger ce qui convient davantage pour la nourriture du corps.

214 1   *La cinquième règle.* Pendant que l'on prend son repas, considérer, comme si on le voyait, le Christ notre Seigneur prenant son repas avec ses apôtres, comment il boit, comment il regarde, comment il

2   parle ; et l'on cherchera à l'imiter. De sorte que la partie supérieure[1] de l'esprit soit occupée à considérer notre Seigneur et la partie inférieure à nourrir le

---

1. Cf. (87,2) note.

3 corps; ainsi on établit un équilibre et un ordre plus grands dans la manière de se comporter et de se conduire.

215 1 *La sixième règle.* Pendant les repas, on peut aussi prendre un autre sujet de considération, tiré de la vie des saints, ou de quelque pieuse contemplation, ou de quelque affaire spirituelle qu'on doit traiter. 2 En effet, alors que l'attention se fixe sur une telle chose, on prendra moins de plaisir et de satisfaction sensible aux aliments du corps.

216 1 *La septième règle.* Par dessus tout, que l'on prenne garde à ce que l'esprit ne soit pas totalement occupé par ce que l'on mange, ni qu'en mangeant on se 2 hâte, entraîné par l'appétit; mais qu'on soit maître de soi aussi bien dans la manière de manger que dans la quantité que l'on mange.

217 1 *La huitième règle.* Pour écarter tout désordre, il est très profitable, après le repas de midi ou après celui du soir, ou à une autre heure où l'on ne sent pas 2 d'appétit, ¹ de se fixer la quantité qu'il convient de manger au prochain repas de midi ou du soir; et 3 ainsi 'de suite' chaque jour. Cette quantité, qu'on ne la dépasse pas, quel que soit l'appétit ou la tentation; mais bien plutôt, pour mieux vaincre tout appétit désordonné et toute tentation de l'ennemi, si l'on est tenté de manger plus, que l'on mange moins.

[Quatrième Semaine[1]]

LA PREMIÈRE CONTEMPLATION
COMMENT LE CHRIST NOTRE SEIGNEUR
APPARUT A NOTRE-DAME (299)

2   *La prière préparatoire* habituelle.

219 1   *Le premier préambule* est l'histoire. C'est ici comment, après que le Christ eut expiré sur la croix et que le corps resta séparé de l'âme, la divinité étant toujours unie à lui, l'âme bienheureuse descendit

2   aux enfers, unie pareillement à la divinité ; et, après avoir tiré de là les âmes justes et être venu au sépulcre, ressuscité, il apparut en corps et en âme à sa Mère bénie[1].

220   *Le deuxième préambule.* Une composition en se représentant le lieu. Ce sera, ici, voir la disposition du saint sépulcre et l'endroit ou bien la maison où était Notre-Dame, en en regardant les différentes parties, les unes après les autres, comme la chambre, l'oratoire, etc.

221   *Le troisième préambule.* Demander ce que je désire. Ce sera, ici, demander la grâce d'éprouver de

---

1. *V* ajoute *ut pie ac verosimiliter credendum est* « comme on doit pieusement et vraisemblablement le croire ».

l'allégresse et de me réjouir intensément pour la gloire et la joie si grandes du Christ notre Seigneur.

222   *Les premier, deuxième et troisième points* seront les points habituels, les mêmes que nous avions pour la Cène du Christ notre Seigneur.

194

223   *Le quatrième point.* Considérer comment la divinité, qui paraissait se cacher dans la Passion, paraît et se montre maintenant si miraculeusement dans la très sainte Résurrection, par les vrais et très saints effets de celle-ci.

224   *Le cinquième point.* Regarder l'office de consolateur que vient exercer le Christ notre Seigneur et le comparer à la façon dont des amis ont l'habitude de se consoler les uns les autres.

225   *Le colloque.* Terminer par un colloque ou des colloques, en fonction de 'ce qu'on se propose', puis un *Pater noster*.

226 1   *Première remarque.* Dans les contemplations suivantes, que l'on procède pour tous les mystères de la Résurrection de la manière indiquée ci-dessous, jusqu'à l'Ascension inclusivement ; 227

   2   pour le reste, on suivra et on gardera pendant toute la Semaine de la Résurrection la même façon et la même manière de procéder que l'on a gardées durant toute la Semaine de la Passion.

   3   Ainsi, c'est d'après cette première contempla- 218

tion de la Résurrection que l'on se règlera : pour les préambules, en fonction de 'ce qu'on se propose' ; et pour les cinq points, ce seront les mêmes ; et les additions, qui se trouvent ci-dessous, ce seront les mêmes.

4

229

Pour tout ce qui reste, on peut de même se régler sur la manière de faire de la Semaine de la Passion, par exemple pour les répétitions et l'application des cinq sens, pour écourter ou allonger les mystères, etc.

5

204,2

209

227 1 *Deuxième remarque.* Dans cette quatrième Semaine, il convient généralement, plus que dans les trois Semaines précédentes, de faire quatre exercices et non cinq. Le premier au matin, tout de suite après s'être levé ; le deuxième, à l'heure de la messe ou avant le repas de midi, à la place de la première répétition ; le troisième, à l'heure des vêpres, à la place de la deuxième répétition ; le quatrième, avant le repas du soir, en appliquant les cinq sens sur les trois exercices de la même journée, en notant, et en s'y arrêtant, les endroits plus importants où l'on aura senti de plus fortes motions et de plus grands goûts spirituels.

2

3

228 1 *Troisième remarque.* Bien que dans toutes les contemplations on ait donné un nombre déterminé de points, par exemple trois ou cinq, etc., celui qui contemple peut cependant prendre plus ou moins de points, selon qu'il s'en trou-

2 vera mieux. Pour cela il est très profitable, avant d'entrer dans la contemplation, de prévoir et de noter les points que l'on prendra, en en fixant le nombre.

229 1 *Quatrième remarque.* Pendant cette quatrième Semaine, sur l'ensemble des dix additions il faut modifier la deuxième, la sixième, la septième et la dixième.

2 — La deuxième addition sera, tout de suite 74 après m'être éveillé, de me mettre face à la contemplation que j'ai à faire, désirant être touché et éprouver de l'allégresse en raison de la si grande joie et allégresse du Christ notre Seigneur.

3 — La sixième addition : me remettre en 78 mémoire et dans la pensée des choses qui font naître du plaisir, de l'allégresse et de la joie spirituelle, comme par exemple la gloire.

4 — La septième addition : user de la lumière et 79 des agréments du temps, comme par exemple de la fraîcheur en été, du soleil et de la chaleur en hiver, dans la mesure où l'âme pense ou estime que cela peut l'aider à se réjouir en son Créateur et Rédempteur.

5 — La dixième addition : à la place de la péni- 82-86 tence, veiller à la tempérance et à une parfaite modération, sauf si les préceptes du jeûne et de l'abstinence qu'ordonne l'Église sont en vigueur ; parce que ces préceptes doivent toujours être observés, à moins d'empêchement légitime.

CONTEMPLATION
POUR PARVENIR[1] A L'AMOUR

2   *Remarque.* Tout d'abord il convient de prêter attention à deux choses.

La première est que l'amour doit se mettre dans les actes plus que dans les paroles.

231 1   La seconde : l'amour consiste en une communication réciproque ; c'est-à-dire que celui qui aime donne et communique ce qu'il a, ou une partie de ce qu'il a ou de ce qu'il peut, à celui qu'il aime ; et de même, à l'inverse, celui qui est 2   aimé, à celui qui l'aime. De cette manière, si l'un a de la science, il la donne à celui qui ne l'a pas ; de même pour les honneurs et les richesses. Et l'autre agira de même envers le premier.

3   *La prière* habituelle.

232   *Le premier préambule* est une composition ; c'est, ici, me voir devant Dieu notre Seigneur, les anges et les saints intercédant pour moi.

---

1. *Alcanzar* signifie soit « parvenir à un but », soit « obtenir quelque chose de quelqu'un ». L'analyse de la suite du texte nous fait donner la préférence au premier sens.

233   *Le deuxième préambule.* Demander ce que je désire. Ce sera, ici, demander une connaissance intérieure de tout le bien reçu, pour que moi, pleinement reconnaissant, je puisse en tout aimer et servir sa divine majesté.

234 1   *Le premier point* est de me remettre en mémoire les bienfaits reçus : ceux de la création, de la 2 rédemption et les dons particuliers, ' pesant avec beaucoup d'émotion tout ce que Dieu notre Seigneur a fait pour moi et tout ce qu'il m'a donné de ce qu'il a, et 'enfin' que le Seigneur lui-même désire se donner à moi, autant qu'il le peut, selon son divin dessein.

3   Et, à partir de là, réfléchir en moi-même en considérant ce que, de mon côté, je dois offrir et donner en toute équité et justice à sa divine majesté : tous mes biens et moi-même avec eux, comme quelqu'un qui fait une offrande en y mettant tout son cœur :

4   « Prenez, Seigneur, et recevez toute ma liberté, ma mémoire, mon intelligence et toute ma volonté, tout ce que j'ai et tout ce que je possède. 5 Vous[1] me l'avez donné ; à Vous, Seigneur, je le rends. Tout est vôtre, disposez-en selon votre entière volonté. Donnez-moi de vous aimer[2] ; donnez-moi cette grâce, voilà qui me suffit. »

---

1. *Vos* : pluriel de majesté.
2. Litt. « l'amour de vous » *vuestro amor*. Il s'agit ici de l'amour que l'homme a pour Dieu. *V* traduit *amorem tui... mihi dones*, litt. « donne-moi l'amour de toi ».

235 1   *Le deuxième point.* Regarder comment Dieu
habite dans les créatures : dans les éléments en leur
donnant d'être, dans les plantes en les faisant croître, dans les animaux en les faisant sentir, dans les
  2 hommes en leur donnant de comprendre, ' et de
même en moi, me donnant d'être, de vivre[1], de sentir et *me faisant comprendre*[2]; *de même* en faisant de
moi son temple, puisque je suis créé à la ressem-
blance et à l'image de sa divine majesté.
  3   Réfléchir pareillement en moi-même, selon la   234,3
manière de faire indiquée dans le premier point ou
d'une autre manière que je sentirai meilleure. On
fera de même pour chacun des points qui suivent.

236 1   *Le troisième point.* Considérer comment Dieu travaille et œuvre pour moi dans toutes les choses
créées sur la face de la terre, 'c'est-à-dire qu'il se
comporte à la manière de quelqu'un qui travaille'[3],
  2 'par exemple, dans les cieux, les éléments, les
plantes, les fruits, les troupeaux, etc., leur donnant
d'être, de se conserver, de croître, de sentir, etc.
Ensuite réfléchir en moi-même.

237 1   *Le quatrième point.* Regarder comment tous les
biens et tous les dons descendent d'en haut. Par
exemple, comment ma puissance limitée descend de
celle, suprême et infinie, d'en haut; et de même

---

1. Litt. « d'être animé », *animando*.
2. Del. *entendiendo* « comprenant ».
3. *Id est, habet se ad modum laborantis.*

pour la justice, la bonté, la compassion, la miséricorde, etc.; comme du soleil descendent les rayons,
2 de la source les eaux, etc. Ensuite terminer en réfléchissant en moi-même, selon ce qui a été dit.

Terminer par un colloque et un *Pater noster*.

TROIS MANIÈRES DE PRIER
[PREMIÈRE MANIÈRE DE PRIER[1]]

I. SUR LES COMMANDEMENTS

2   La première manière de prier porte sur les dix commandements, les sept péchés mortels, les trois facultés de l'âme, les cinq sens du corps[2].

3   Cette manière de prier consiste davantage à donner une façon de procéder, une manière de faire et des exercices — pour que l'âme se prépare, qu'elle en tire du profit, et pour que sa prière soit agréée — plutôt qu'à donner une façon de procéder ou quelque manière de faire oraison[3].

239 1   *Addition.* Premièrement, on fera l'équivalent de la deuxième addition de la deuxième 131 Semaine; avant d'entrer en oraison, on fera reposer un peu l'esprit, en s'asseyant ou en se

---

1. Add. « première manière de prier », cf. (249).
2. Cf. (18,5-7).
3. « Manière de faire oraison » se rapporte probablement, ici, aux méditations et contemplations proprement dites.

promenant, selon ce qui semblera meilleur, tout en considérant où l'on va et pour quoi faire. 2 Cette même addition se fera au début de chacune des manières de prier.

240 1 *Une prière préparatoire.* Par exemple, demander à Dieu notre Seigneur la grâce de pouvoir connaître en quoi j'ai manqué aux dix commandements ; 2 demander aussi sa grâce et son aide pour m'amender à l'avenir en demandant une parfaite intelligence de ces commandements, pour mieux les observer et pour une plus grande gloire et louange de sa divine majesté.

241 1 Pour la première manière de prier, il convient de considérer le premier commandement et d'y appliquer la pensée : comment je l'ai observé et en quoi 2 j'y ai manqué. J'aurai pour règle de m'y arrêter le temps que l'on met à dire trois fois le *Pater noster* et trois fois l'*Ave Maria*. Si, durant ce temps, je trouve des fautes que j'ai faites, en demander rémission et pardon, puis dire un *Pater noster*. Je procéderai de la même manière pour chacun des dix commandements.

242 1 *Première remarque.* Il faut remarquer que, lorsqu'on arrive, par la pensée, à un commandement où l'on voit que l'on n'a aucune habitude de pécher, il n'est pas nécessaire de s'y arrêter si 2 longtemps ; mais, dans la mesure où l'on constate qu'on trébuche plus ou moins sur tel com-

3 mandement, on doit s'arrêter plus ou moins à le considérer et à l'examiner. La même chose doit être observée pour les péchés mortels.

243 1 *Deuxième remarque.* Après avoir achevé de parcourir, comme il a déjà été dit, chacun des commandements, en m'accusant à leur sujet et 241,1 en demandant la grâce et l'aide pour m'amender

2 à l'avenir, ¹ il faut terminer par un colloque à Dieu notre Seigneur, en fonction de 'ce qu'on se propose'.

244 1 II. SUR LES PÉCHÉS MORTELS

2 Pour les sept péchés mortels, après l'addition, on 239 fera la prière préparatoire de la manière déjà indi- 240

3 quée, ¹ en changeant seulement la matière, qui est ici les péchés qu'on doit éviter, alors qu'auparavant il s'agissait des commandements que l'on doit obser-

4 ver. On observera également l'ordre et la règle déjà 241,2 indiqués, ainsi que le colloque. 243,2

245 *Remarque.* Pour mieux connaître les fautes commises relevant des péchés mortels, on regar- dera ce qui leur est contraire. Ainsi pour mieux les éviter, on se proposera et on tâchera, par de saints exercices, d'acquérir et d'avoir les sept ver- tus qui leur sont contraires[1].

---

1. Humilité (orgueil), générosité (avarice), chasteté (luxure), désintéressement (envie), tempérance (gourmandise), douceur (colère), et travail (paresse).

246 1   III. SUR LES FACULTÉS DE L'AME

2   Pour les trois facultés de l'âme, on observera le
même ordre et la même règle que pour les comman-   241,2
dements, en faisant l'addition, la prière préparatoire   239;-240
et le colloque.   243,2

247 1   IV. SUR LES CINQ SENS DU CORPS

2   Pour les cinq sens du corps, on gardera toujours le
même ordre, en changeant la matière.   241

248 1   *Remarque.* Celui qui, dans l'usage de ses sens,
désire imiter le Christ notre Seigneur, se recommandera dans la prière préparatoire à sa divine
majesté; et après avoir considéré chacun des
sens, il dira un *Ave Maria* ou un *Pater noster.*
2   Celui qui, dans l'usage de ses sens, désirerait
imiter Notre-Dame, se recommandera à elle
dans la prière préparatoire pour qu'elle lui
obtienne la grâce de son Fils et Seigneur pour
cela; puis, après avoir considéré chacun des sens,
il dira un *Ave Maria.*

DEUXIÈME MANIÈRE DE PRIER
CONTEMPLER LA SIGNIFICATION
DE CHAQUE MOT DE LA PRIÈRE

249

250   *Addition.* L'addition sera la même, dans cette deuxième manière de prier, que dans la première.   239

251   *La prière préparatoire* se fera en fonction de la personne à qui s'adresse la prière.

252 1   *La deuxième manière de prier.* Étant à genoux ou assis, selon qu'on s'y trouve plus disposé et accompagné de plus de dévotion, tenant les yeux fermés ou fixés sur un endroit, sans les laisser aller çà et là, 2 on dira *Pater*. Et l'on restera dans la considération de ce mot aussi longtemps que l'on trouvera des significations, des comparaisons, du goût et de la consolation dans des considérations qui se rapportent à ce mot. 3 On procèdera de la même manière pour chaque mot du *Pater noster* ou de toute autre prière sur laquelle on voudrait prier de cette manière.

253   *La première règle.* On restera une heure, en suivant la manière déjà indiquée, sur tout le *Pater noster*. Celui-ci terminé, on dira un *Ave Maria*, un *Credo*, un *Anima Christi* et un *Salve Regina*,

vocalement ou mentalement, selon la manière habituelle.

254 1   *La deuxième règle.* Si celui qui contemple le *Pater noster* trouve dans un ou deux mots une bonne matière pour la pensée, et du goût et de la

2   consolation, ¹ qu'il ne se soucie pas d'aller plus loin, même si l'heure devait se terminer sur ce qu'il trouve. Celle-ci terminée, il dira 'le reste' du *Pater noster* de la manière habituelle.

255 1   *La troisième règle.* Si l'on s'est arrêté pendant une heure entière sur un ou deux mots du *Pater noster*, quand on voudra revenir à cette prière un autre jour, on dira le ou les deux mots précé-

2   dents comme d'habitude, ¹ et l'on commencera à contempler le mot qui vient immédiatement après, conformément à ce qui a été dit dans la deuxième règle.

254

256   *Première remarque.* Il faut remarquer qu'après avoir terminé le *Pater noster*, en un ou plusieurs jours, on doit faire de même avec l'*Ave Maria*, puis avec les autres prières, de sorte que, pendant un certain temps, on s'exerce toujours sur l'une d'elles.

257   *La seconde remarque* est que la prière terminée, on s'adressera en peu de mots à la personne que l'on a priée et on lui demandera les vertus ou les grâces dont on sent avoir davantage besoin.

TROISIÈME MANIÈRE DE PRIER
SUR UN RYTHME[1]

2   *Addition :* elle sera la même que dans la première et la deuxième manière de prier.   239 ; 250

3   *La prière préparatoire* sera comme dans la
deuxième manière de prier.   251

4   *La troisième manière de prier* est que, à chaque respiration ou expiration, on priera mentalement en
disant un mot du *Pater noster* ou d'une autre prière
que l'on récite, de façon à ne dire qu'un seul mot
5 entre une respiration et une autre. Pendant le temps
qui s'écoule d'une respiration à une autre, on regar-
dera principalement la signification de ce mot, ou
bien la personne que l'on prie, ou bien sa propre
bassesse, ou bien la différence entre une telle gran-
deur et une telle bassesse en moi.
6   On procédera de la même façon et selon la même
règle pour les autres mots du *Pater noster*. Puis on

―――――
1. Litt. « en mesure » *por compás.*

récitera les autres prières : l'*Ave Maria*, l'*Anima Christi*, le *Credo* et le *Salve Regina*, comme d'habitude.

259   *La première règle.* Le jour suivant, ou à une autre heure où l'on voudra prier, on dira l'*Ave Maria*, sur ce[1] rythme, et les autres prières comme d'habitude; et procéder de même, ensuite, pour les autres prières.

260   *La seconde règle.* Qui désirerait s'arrêter davantage sur la prière faite sur un rythme, peut dire toutes les prières précédentes, ou une partie d'entre elles, en suivant la même manière de faire, selon le rythme de la respiration, comme cela a été expliqué.

258

---

1. Add. « ce ».

LES MYSTÈRES
DE LA VIE
DU CHRIST NOTRE SEIGNEUR

2   *Remarque.* Il faut remarquer que, dans tous les mystères qui suivent, tous les mots qui sont entre parenthèses sont de l'Évangile même, mais non pas ceux qui sont en-dehors[1].

3   Dans chaque mystère, on trouvera le plus souvent trois points, pour qu'on les médite et les contemple plus facilement.

---

1. Cette règle n'a pas été parfaitement observée par le copiste. Par fidélité au texte nous avons reproduit ces oublis qui ne portent d'ailleurs pas à conséquence pour qui est familier des Évangiles. D'autre part, nous avons remplacé les parenthèses par des guillemets.

262 1   L'ANNONCIATION DE NOTRE-DAME
selon ce qu'écrit saint Luc, au chapitre 1, 26-38

2   *Premier point.* L'ange saint Gabriel, en saluant Notre-Dame, lui annonça la conception du Christ notre Seigneur. « L'ange entrant là où était Marie la

3   salua en lui disant : Salut, pleine de grâce, tu concevras en ton sein et tu enfanteras un fils. »

4   *Deuxième.* L'ange confirme ce qu'il a dit à Notre-Dame, en annonçant la conception de saint Jean-Baptiste. Il lui dit : « Et voici qu'Élisabeth, ta parente, a conçu un fils en sa vieillesse. »

5   *Troisième.* Notre-Dame répondit à l'ange : « Voici la servante du Seigneur ; que tout s'accomplisse en moi selon ta parole. »

263 1   LA VISITATION DE NOTRE-DAME A ÉLISABETH
selon ce que dit saint Luc, au chapitre 1, 39-56

2   *Premier.* Alors que Notre-Dame visitait Élisabeth, saint Jean-Baptiste, étant dans le sein de sa mère,

3   perçut la visite que faisait Notre-Dame : « Et dès qu'Élisabeth entendit la salutation de Notre-Dame,

4 l'enfant se réjouit dans son sein; et, remplie de l'Esprit Saint, Élisabeth s'exclama d'une voix forte et dit : Bénie sois-tu entre les femmes et béni soit le fruit de ton sein! »

5 *Deuxième.* Notre-Dame chante le cantique en disant : « Mon âme magnifie le Seigneur! »

6 *Troisième.* « Marie resta avec Élisabeth environ trois mois et s'en retourna ensuite chez elle. »

264 1   LA NATIVITÉ DU CHRIST NOTRE SEIGNEUR
selon ce que dit saint Luc, au chapitre 2, 1-14

2 *Premier.* Notre-Dame et Joseph son époux vont de Nazareth à Bethléem : « Joseph monta de Galilée à Bethléem pour obéir à César, avec Marie, sa femme et épouse, déjà enceinte. »

3 *Deuxième.* « Elle enfanta son Fils premier-né, l'enveloppa de langes et le plaça dans la crèche. »

4 *Troisième.* « Survint une multitude de l'armée céleste qui disait : Gloire soit à Dieu dans les cieux! »

265 1   LES BERGERS
selon ce qu'écrit saint Luc, au chapitre 2, 8-20

2 *Premier.* La Nativité du Christ notre Seigneur est annoncée aux bergers par l'ange : « Je vous annonce une grande joie, car aujourd'hui est né le Sauveur du monde. »

3 *Deuxième.* Les bergers vont à Bethléem : « Ils vinrent en hâte et trouvèrent Marie, Joseph et l'Enfant placé dans la crèche. »

4 *Troisième.* « Les bergers s'en retournèrent, glorifiant et louant le Seigneur. »

266 1 LA CIRCONCISION
selon ce qu'écrit saint Luc, au chapitre 2, 21

2 *Premier.* On circoncit l'Enfant Jésus.

3 *Deuxième.* « Son nom est celui de Jésus, nom qui fut prononcé par l'ange avant qu'il ne fut conçu dans le sein. »

4 *Troisième.* On rend l'Enfant à sa Mère, qui avait compassion du sang qui coulait de son Fils.

267 1 LES TROIS ROIS MAGES
selon ce qu'écrit saint Matthieu, au chapitre 2, 1-12

2 *Premier.* Les trois rois mages, se guidant d'après l'étoile, vinrent pour adorer Jésus et dirent : « Nous avons vu son étoile en Orient et nous sommes venus l'adorer. »

3 *Deuxième.* Ils l'adorèrent et lui offrirent des présents : « Se prosternant à terre, ils l'adorèrent et lui offrirent des présents, de l'or, de l'encens et de la myrrhe. »

4 *Troisième.* « Pendant qu'ils dormaient, ils reçurent l'avertissement de ne pas retourner chez Hérode, et

c'est par un autre chemin qu'ils retournèrent dans leur pays. »

268 1   PURIFICATION DE NOTRE-DAME
ET PRÉSENTATION DE L'ENFANT JÉSUS
selon ce qu'écrit saint Luc, au chapitre 2, 22-39

2   *Premier.* Ils amènent l'Enfant Jésus au Temple pour qu'il soit présenté, comme premier-né, au Seigneur et ils offrent pour lui « un couple de tourterelles ou deux jeunes colombes ».

3   *Deuxième.* Syméon, venant au Temple, « le prit dans ses bras » en disant : « Maintenant, Seigneur, laisse ton serviteur s'en aller en paix. »

4   *Troisième.* Anne, « venant ensuite, confessait le Seigneur et parlait de lui à tous ceux qui attendaient la rédemption d'Israël ».

269 1   LA FUITE EN ÉGYPTE
selon ce qu'écrit saint Matthieu, au chapitre 2, 13-18

2   *Premier.* Hérode voulait tuer l'Enfant Jésus, et c'est ainsi qu'il tua les Innocents. Avant la mort de ceux-ci, l'ange enjoignit à Joseph de fuir en Égypte : « Lève-toi, prends l'Enfant et sa Mère, et fuis en Égypte. »

3   *Deuxième.* Il partit pour l'Égypte : « Lui, se levant pendant la nuit, partit pour l'Égypte. »

4   *Troisième*. Il demeura là-bas jusqu'à la mort d'Hérode.

270 1   COMMENT LE CHRIST NOTRE SEIGNEUR
                    REVINT D'ÉGYPTE
        selon ce qu'écrit saint Matthieu, au chapitre 2, 19-23

2   *Premier*. L'ange enjoint à Joseph de revenir en Israël : « Lève-toi, prends l'Enfant et sa Mère, et va en terre d'Israël. »

3   *Deuxième*. Se levant, il vint en terre d'Israël.

4   *Troisième*. Parce qu'Archelaüs, fils d'Hérode, régnait en Judée, il se retira à Nazareth.

271 1   LA VIE DU CHRIST NOTRE SEIGNEUR
            DE L'AGE DE DOUZE ANS A TRENTE ANS
        selon ce qu'écrit saint Luc, au chapitre 2, 51-52

2   *Premier*[1]. Il était obéissant à ses parents. « Il progressait en sagesse, en âge et en grâce. »

3   *Deuxième*. *Il semble* qu'il exerçait le métier de charpentier, *comme paraît l'indiquer*[2] saint Marc au chapitre six : « Par hasard, n'est-ce pas lui, ce charpentier ? »

Mc 6, 3

––––––––––

1. En marge on lit *1°.2°* ce qui indiquerait que ce premier point est à diviser en deux.
2. Del. *dize* « dit ».

272 1   LA VENUE DU CHRIST AU TEMPLE
          QUAND IL ÉTAIT AGÉ DE DOUZE ANS
          selon ce qu'écrit saint Luc, au chapitre 2, 41-50

2   *Premier.* Le Christ notre Seigneur, à l'âge de douze ans, monta de Nazareth à Jérusalem.

3   *Deuxième.* Le Christ notre Seigneur resta à Jérusalem, et les gens de sa parenté ne le surent pas.

4   *Troisième.* Au bout de trois jours, ils le trouvèrent, discutant dans le Temple, assis au milieu des docteurs ; ses parents lui ayant demandé où il avait été, il répondit : « Ne savez-vous pas qu'il me convient d'être aux choses de mon Père ? »

273 1   COMMENT LE CHRIST FUT BAPTISÉ
          selon ce qu'écrit saint Matthieu, au chapitre 3, 13-17

2   *Premier.* Le Christ notre Seigneur, après avoir pris congé de sa Mère bénie, vint de Nazareth au fleuve du Jourdain, où se trouvait saint Jean-Baptiste.

3   *Deuxième.* Saint Jean baptisa le Christ notre Seigneur. Comme il voulait se récuser, s'estimant indigne de le baptiser, le Christ lui dit : « Fais cela, pour le moment, parce qu'il est nécessaire que nous accomplissions ainsi toute la justice. »

4   *Troisième.* « Vint l'Esprit Saint, ainsi que la voix du Père qui, du ciel, attestait : Celui-ci est mon Fils bien-aimé qui a toute ma faveur[1]. »

---

1. Litt. « dont je suis très satisfait », *del cual estoy muy satisfecho.*

274 1   COMMENT LE CHRIST FUT TENTÉ
          selon ce qu'écrivent saint Luc, au chapitre 4, 1-13
          et Matthieu, au chapitre 4, 1-11

2   *Premier.* Après avoir été baptisé, il alla au désert
où il jeûna quarante jours et quarante nuits.

3   *Deuxième.* Il fut tenté trois fois par l'ennemi :
« S'approchant de lui, le tentateur lui dit : Si tu es le
Fils de Dieu, dis que ces pierres se changent en pain.
Jette-toi, d'ici, en bas. Tout ce que tu vois, je te le
donnerai si, prosterné à terre, tu m'adores. »

4   *Troisième.* « Les anges vinrent et ils le servaient. »

275 1   L'APPEL DES APÔTRES

2   *Premier.* C'est par trois fois, *semble-t-il*, que saint
Pierre et saint André sont appelés.
       Premièrement, à une certaine connaissance : cela
ressort de saint Jean, au chapitre premier.   Jn 1, 35-42

3   Deuxièmement, à suivre en quelque manière le
Christ, avec l'intention de reprendre possession de
ce qu'ils avaient laissé, comme le dit saint Luc au   Lc 5, 1-11 ;
chapitre cinquième.   27-29

4   Troisièmement, à suivre pour toujours le Christ
notre Seigneur : saint Matthieu, au chapitre qua-   Mt 4, 18-22
trième et saint Marc au chapitre premier.   Mc 1, 16-20

5   *Deuxième.* Il appela Philippe, comme il est indiqué au premier chapitre de saint Jean, et Matthieu   Jn 1, 43-44

comme le dit Matthieu lui-même au chapitre neuvième.

Mt 9, 9

6   *Troisième*. Il appela les autres Apôtres dont la vocation particulière n'est pas mentionnée dans l'Évangile.

7   Trois autres choses doivent être considérées.
— La première : combien les Apôtres étaient de fruste et basse condition.

8   — La deuxième : la dignité à laquelle ils furent si suavement appelés.

9   — La troisième : les dons et grâces par lesquels ils furent élevés au-dessus de tous les Pères du Nouveau et de l'Ancien Testament.

276 1   LE PREMIER MIRACLE
ACCOMPLI AUX NOCES DE CANA, EN GALILÉE
selon ce qu'écrit saint Jean, chapitre 2, 1-11

2   *Premier*. Le Christ notre Seigneur fut invité aux noces avec ses disciples.

3   *Deuxième*. La Mère signale au Fils le manque de vin, disant : « Ils n'ont pas de vin », et elle ordonna aux serviteurs : « Faites tout ce qu'il vous dira. »

4   *Troisième*. « Il changea l'eau en vin et manifesta sa gloire ; et ses disciples crurent en lui. »

277 1 COMMENT LE CHRIST CHASSA HORS DU TEMPLE
CEUX QUI Y VENDAIENT
selon ce qu'écrit saint Jean, chapitre 2, 13-22

2 *Premier.* Il chassa hors du Temple tous ceux qui y vendaient, avec un fouet fait de cordes.

3 *Deuxième.* Il renversa les tables et l'argent des riches banquiers qui étaient dans le Temple.

4 *Troisième.* Aux pauvres qui vendaient des colombes, il dit avec douceur : « Enlevez ces choses d'ici et ne faites pas de ma maison une maison de commerce. »

278 1 LE SERMON QUE FIT LE CHRIST
SUR LA MONTAGNE
selon ce qu'écrit saint Matthieu, au chapitre 5, 1-48

2 *Premier.* A ses disciples bien-aimés il parle, à part, des huit béatitudes : « Bienheureux les pauvres en esprit ; les doux ; les miséricordieux ; ceux qui pleurent ; ceux qui endurent la faim et la soif pour la justice ; ceux qui sont purs de cœur ; les pacifiques et ceux qui souffrent persécution. »

3 *Deuxième.* Il les exhorte à faire bon usage de leurs talents : « Ainsi, que votre lumière brille devant les hommes afin qu'ils voient vos bonnes œuvres et glorifient votre Père qui est dans les cieux. »

4 *Troisième.* Il ne se présente pas comme transgresseur de la Loi, mais comme celui qui l'accomplit, lorsqu'il explique le commandement de ne pas tuer,

de ne pas forniquer, de ne pas faire de faux serments et d'aimer ses ennemis : « Moi, à vous, je dis d'aimer vos ennemis et de faire du bien à ceux qui vous haïssent. »

279 1   COMMENT LE CHRIST NOTRE SEIGNEUR
           FIT SE CALMER LA TEMPÊTE DE LA MER
    selon ce qu'écrit saint Matthieu, chapitre 8, 23-27

2   *Premier.* Tandis que le Christ notre Seigneur était en train de dormir, il se fit une *grande tempête*[1] sur la mer.

3   *Deuxième.* Ses disciples effrayés le réveillèrent ; il les reprend pour leur peu de foi, leur disant : « Que craignez-vous, gens de peu de foi ? »

4   *Troisième.* Il commanda aux vents et à la mer de s'arrêter. S'arrêtant donc, la mer se fit tranquille, ce dont les hommes s'émerveillèrent en disant : « Quel est celui-là, à qui le vent et la mer obéissent ? »

280 1   COMMENT LE CHRIST MARCHAIT SUR LA MER
    selon ce qu'écrit saint Matthieu, chapitre 14, 22-33

2   *Premier.* Tandis que le Christ notre Seigneur était sur la montagne, il fit en sorte que ses disciples s'en

---

1. Del. *terremoto*, « tremblement de terre ».

aillent vers la barque ; et, après avoir renvoyé la foule, il commença à prier, seul.

3   *Deuxième.* La barque était battue par les flots ; le Christ vient vers elle en marchant sur l'eau, et les disciples pensaient que c'était un fantôme.

4   *Troisième.* Le Christ leur dit : « C'est moi, ne craignez pas. » Saint Pierre, sur son ordre, vint à lui en marchant sur l'eau ; pris de doute, il commença à s'enfoncer, mais le Christ notre Seigneur le délivra et le reprit pour son manque de foi. Ensuite, comme il montait dans la barque, le vent s'arrêta.

281 1   COMMENT LES APÔTRES FURENT ENVOYÉS PRÊCHER
selon ce qu'écrit saint Matthieu, au chapitre 10, 1-42

2   *Premier.* Le Christ appelle ses disciples bien-aimés et leur donne le pouvoir de chasser les démons du corps des hommes et de guérir toutes les maladies.

3   *Deuxième.* Il leur enseigne la prudence et la patience : « Voici que je vous envoie, vous, comme des brebis au milieu des loups ; c'est pourquoi, soyez prudents comme des serpents et simples comme des colombes. »

4   *Troisième.* Il leur indique la manière de faire route : « Ne possédez ni or, ni argent ; ce que vous avez reçu gratuitement, donnez-le gratuitement » ; et il leur donna la matière sur laquelle prêcher : « Sur votre route vous prêcherez, disant : Voici que le Royaume de Dieu est tout proche. »

282 1   LA CONVERSION DE MADELEINE
selon ce qu'écrit saint Luc, au chapitre 7, 36-50

2   *Premier.* Madeleine entre là où se trouve le Christ notre Seigneur, assis à table, dans la maison du pharisien ; elle apportait un vase d'albâtre plein de parfum.

3   *Deuxième.* Se trouvant derrière le Seigneur, près de ses pieds, elle se mit à les baigner de larmes et elle les essuyait avec les cheveux de sa tête ; et elle baisait ses pieds et elle les oignait de parfum.

4   *Troisième.* Comme le pharisien accusait Madeleine, le Christ prend la parole pour la défendre, en disant : « De nombreux péchés lui sont pardonnés parce qu'elle a beaucoup aimé ; et il dit à la femme : Ta foi t'a sauvée, va en paix. »

283 1   COMMENT LE CHRIST NOTRE SEIGNEUR
DONNA A MANGER A CINQ MILLE HOMMES
selon ce qu'écrit saint Matthieu, au chapitre 14, 13-21

2   *Premier.* Comme il se faisait déjà tard, les disciples demandent au Christ de renvoyer la multitude de ceux qui étaient avec lui.

3   *Deuxième.* Le Christ notre Seigneur leur ordonna de lui apporter les pains et ordonna que les gens s'asseoient à table : et il bénit les pains, les partagea, les donna à ses disciples, et les disciples à la multitude.

4   *Troisième.* « Ils mangèrent et se rassasièrent ; et il resta douze paniers. »

284 1   LA TRANSFIGURATION DU CHRIST
      selon ce qu'écrit saint Matthieu, au chapitre 17, 1-9

2   *Premier.* Prenant en sa compagnie ses disciples bien-aimés, Pierre, Jacques et Jean, le Christ notre Seigneur fut transfiguré et son visage resplendissait comme le soleil et ses vêtements comme la neige.

3   *Deuxième.* Il parlait avec Moïse et Élie.

4   *Troisième.* Tandis que saint Pierre disait de faire trois tentes, une voix du ciel retentit qui disait : « Celui-ci est mon Fils bien-aimé, écoutez-le. »

5   Lorsqu'ils entendirent cette voix, les disciples pris de peur tombèrent face contre terre. Le Christ notre Seigneur les toucha et leur dit : « Levez-vous et n'ayez pas peur ; ne parlez de cette vision à personne, jusqu'à ce que le Fils de l'homme ressuscite. »

285 1   LA RÉSURRECTION DE LAZARE
          Jean, chapitre 11, 1-45

2   *Premier.* Marthe et Marie font savoir au Christ notre Seigneur la maladie de Lazare. Après l'avoir sue, il reste là pendant deux jours, pour que le miracle fût plus évident.

3   *Deuxième.* Avant de le ressusciter, il demande à l'une et à l'autre de croire, disant : « Je suis la résur-

rection et la vie ; celui qui croit en moi, fût-il mort, vivra. »

4 *Troisième.* Il le ressuscite après avoir pleuré et prié ; et quant à la manière de le ressusciter ce fut en ordonnant : « Lazare, viens dehors ! »

286 1 LE REPAS A BÉTHANIE
Matthieu, chapitre 26, 6-10

2 *Premier.* Le Seigneur prend le repas du soir dans la maison de Simon le Lépreux, en compagnie de Lazare.

3 *Deuxième.* Marie répand du parfum sur la tête du Christ.

4 *Troisième.* Judas murmure, disant : « A quoi sert ce gaspillage de parfum ? » Mais lui, il défend une nouvelle fois Madeleine, disant : « Pourquoi tracassez-vous cette femme ? Car elle a fait une bonne œuvre envers moi. »

287 1 LE DIMANCHE DES RAMEAUX
Matthieu, chapitre 21, 1-17

2 *Premier.* Le Seigneur envoie chercher l'ânesse et l'ânon, disant : « Détachez-les et amenez-les moi ; et si quelqu'un vous dit quelque chose, dîtes que le Seigneur en a besoin, et qu'ensuite il les laissera. »

3 *Deuxième.* Il monta sur l'ânesse, recouverte des vêtements des Apôtres.

4   *Troisième.* Les gens sortent pour le recevoir en étendant sur le chemin leurs vêtements et les branches des arbres, en disant : « Sauve-nous, Fils de David ! Béni soit celui qui vient au nom du Seigneur ! Sauve-nous, au plus haut des cieux ! »

288 1   LA PRÉDICATION DANS LE TEMPLE
                     Luc, chapitre 19, 47-48

2   *Premier.* Il était chaque jour à enseigner dans le Temple.

3   *Deuxième.* La prédication terminée, comme il n'y avait personne qui le reçût à Jérusalem, il revenait à Béthanie.

289 1   LA CÈNE
                     Matthieu 26; Jean 13, 1-30

2   *Premier.* Il mangea l'agneau pascal avec ses douze   Mt 26, 20-25
Apôtres auxquels il prédit sa mort : « En vérité, je vous le dis, l'un d'entre vous doit me trahir. »

3   *Deuxième.* Il lava les pieds des disciples, même ceux de Judas, en commençant par saint Pierre; celui-ci, considérant la majesté du Seigneur et sa propre bassesse, ne voulant pas y consentir, disait :

4   « Seigneur, toi, tu me laves les pieds, à moi ! » Mais saint Pierre ne savait pas qu'il donnait, par là, un exemple d'humilité, et c'est pour cela qu'il dit :

« Moi, je vous ai donné l'exemple, pour que vous fassiez comme j'ai fait. »

5   *Troisième.* Il institua le très saint sacrifice de l'Eucharistie, comme très grand signe de son amour, disant : « Prenez et mangez. » La Cène terminée, Judas sort pour trahir le Christ notre Seigneur.

Mt 26, 26-29

290 1   LES MYSTÈRES ACCOMPLIS DEPUIS LA CÈNE
JUSQU'AU JARDIN INCLUSIVEMENT
Matthieu, chapitre 26 et Marc, chapitre 14

Mt 26, 30-46
Mc 14, 26-42

2   *Premier.* La Cène terminée, et après avoir chanté l'hymne, le Seigneur s'en alla au mont des Oliviers avec ses disciples remplis de peur. Il laissa les huit à Gethsémani, en disant : « Asseyez-vous ici, tandis que je vais là-bas pour prier. »

3   *Deuxième.* Accompagné de saint Pierre, saint Jacques et saint Jean, il pria trois fois le Seigneur en disant : « Père, si cela peut se faire, que ce calice passe loin de moi ; cependant, que ce ne soit pas ma volonté qui se fasse, mais la tienne. » Et, étant en agonie, il priait plus abondamment.

4   *Troisième.* Il en vint à une telle peur qu'il disait : « Mon âme est triste jusqu'à la mort. » Et il sua du sang en telle abondance que saint Luc dit : « Sa sueur était comme des gouttes de sang qui tombaient à terre », ce qui suppose que ses vêtements étaient déjà pleins de sang.

Lc 22, 44

291 1   LES MYSTÈRES ACCOMPLIS DEPUIS LE JARDIN
        JUSQU'A LA MAISON D'ANNE INCLUSIVEMENT
        Matthieu 26, Luc 22, Marc 14

Mt 26, 47-58
Lc 22, 47-53
Mc 14, 43-54

2   *Premier.* Le Seigneur se laisse donner un baiser par Judas et prendre comme un brigand. A ceux qui l'arrêtent, il dit : « Vous êtes sortis pour me prendre comme un brigand, avec des bâtons et des armes, alors que chaque jour j'étais avec vous dans le Tem- 3 ple à enseigner, et vous ne m'avez pas pris. » Et quand il dit : « Qui cherchez-vous ? », les ennemis tombèrent à terre.

4   *Deuxième.* Saint Pierre frappa un serviteur du Grand Prêtre ; le doux Seigneur lui dit : « Remets ton épée à sa place », et il guérit la blessure du servi- teur.

5   *Troisième.* Abandonné par ses disciples, il est amené à Anne ; là, saint Pierre, qui l'avait suivi de loin, le renia une fois ; et on donna au Christ une gifle, en lui disant : « Est-ce ainsi que tu réponds au Grand Prêtre ? »

Mt 26, 69-70
Lc 22, 54-57
Lc 14, 66-68

Jn 18, 22

292 1 LES MYSTÈRES ACCOMPLIS DEPUIS LA MAISON D'ANNE
      JUSQU'A LA MAISON DE CAÏPHE INCLUSIVEMENT

Jn 18, 24-27

2   *Premier.* On le mène, ligoté, de la maison d'Anne à la maison de Caïphe où saint Pierre le renia deux fois ; regardé par le Seigneur, il sortit dehors et pleura amèrement.

Mt 26, 57-58 ;
69-75

Lc 22, 54-62

3   *Deuxième.* Jésus resta ligoté toute cette nuit-là.

4   *Troisième.* Outre cela, ceux qui le gardaient pri-
sonnier se moquaient de lui et le frappaient; ils lui   Mt 26, 67-68
couvraient le visage, lui donnaient des gifles et lui   Lc 22, 63-65
5   demandaient : « Prophétise-'nous' quel est celui qui
t'a frappé? »; et ils blasphémaient contre lui en
disant de semblables choses.

293 1   LES MYSTÈRES ACCOMPLIS DEPUIS
LA MAISON DE CAÏPHE JUSQU'A CELLE DE PILATE
INCLUSIVEMENT   Mt 27, 1-2;
Mt 27, Lc 23, Mc 15   11-26
                                          Lc 23, 1-5;
                                          13-25
                                          Mc 15, 1-15

2   *Premier. Toute la multitude des Juifs*[1] l'amène à
Pilate et l'accuse devant lui en disant : « Nous avons
trouvé celui-ci qui poussait notre peuple à sa perte
et interdisait de payer le tribut à César. »
3   *Deuxième.* Après que Pilate l'eût interrogé une
première, puis une seconde fois, Pilate dit : « Moi, je
ne trouve aucune faute. »
4   *Troisième.* On lui préféra Barrabas, un brigand :
« Tous poussaient des cris en disant : Ne relâche pas
celui-ci, mais Barrabas. »

---

1. Del. *el pueblo menudo de los judios*, « le petit peuple des Juifs ».

294 1   LES MYSTÈRES ACCOMPLIS DEPUIS
LA MAISON DE PILATE JUSQU'A CELLE D'HÉRODE   Lc 23, 7-11

2   *Premier.* Pilate envoya Jésus, le Galiléen, à Hérode, tétrarque de Galilée.

3   *Deuxième.* Hérode, curieux, l'interrogea longuement, et lui, il ne répondait rien alors que les scribes et les prêtres l'accusaient continuellement.

4   *Troisième.* Hérode, ainsi que sa troupe, le traita avec mépris, le revêtant d'un vêtement blanc.

295 1   LES MYSTÈRES ACCOMPLIS DEPUIS
LA MAISON D'HÉRODE JUSQU'A CELLE DE PILATE   Mt 27, 26-30
Mt 27, Lc 23, Mc 15 'et' Jn 19   Lc 23, 11-12;
20-23
Mc 15, 15-20
Jn 19, 1-6

2   *Premier.* Hérode le renvoie à Pilate; à cause de cela, ils sont devenus amis, eux qui auparavant étaient ennemis.

3   *Deuxième.* Pilate prit Jésus et le fit flageller; et les soldats firent une couronne d'épines et la mirent sur sa tête; ils le revêtirent de pourpre, ils s'approchaient de lui et disaient : « Salut, roi des Juifs! »; et ils lui donnaient des gifles.

4   *Troisième.* Il le fit sortir dehors, en présence de tous : « Jésus sortit donc, couronné d'épines et vêtu d'écarlate. Pilate leur dit : Voici l'homme. » Dès qu'ils le virent, les Grands Prêtres poussèrent des cris, en disant : « Crucifie, crucifie-le! »

296 1   LES MYSTÈRES ACCOMPLIS DEPUIS
LA MAISON DE PILATE JUSQU'A LA CROIX
INCLUSIVEMENT
Jn 19, 13-22

2   *Premier.* Pilate, siégeant comme juge, leur livra Jésus pour qu'ils le crucifient, après que les Juifs eurent nié qu'il fût leur roi en disant : « Nous n'avons de roi que César. »

3   *Deuxième.* Il portait la croix sur ses épaules ; et comme il ne pouvait la porter, on contraignit Simon de Cyrène à la porter derrière Jésus.

4   *Troisième.* Ils le crucifièrent entre deux brigands, en mettant cette inscription : « Jésus le Nazaréen, roi des Juifs. »

297 1   LES MYSTÈRES ACCOMPLIS SUR LA CROIX
Jn 19, 23-37

2   *Premier*[1].

3   Il prononça sept paroles sur la croix :
il intercéda pour ceux qui le crucifiaient ;   Lc 23, 34
il pardonna au brigand ;   Lc 23, 43
il confia saint Jean à sa Mère et sa Mère à saint Jean ;

4   il dit à voix forte : « J'ai soif », et ils lui donnèrent du fiel[2] et du vinaigre ;

---

1. Division de verset imposée par les textes *P2* et *V*.
2. Ce détail ne figure pas dans les Évangiles.

il dit qu'il était abandonné; Mt 27, 46

il dit : C'est achevé;

il dit : Père, en tes mains je confie mon esprit. Lc 23, 46

5 *Deuxième.* Le soleil fut obscurci, les rochers bri-
sés, les tombes ouvertes, le voile du Temple *déchiré* Mt 27, 51-52
en deux parties de haut en bas[1].

6 *Troisième.* On blasphème contre lui en disant :
« Tu es celui qui détruit le Temple de Dieu; des- Mt 27, 39-40
cends de la croix. » Ses vêtements furent partagés;
son côté fut blessé par la lance et il coula de l'eau et
du sang.

298 1   LES MYSTÈRES ACCOMPLIS DEPUIS LA CROIX
    JUSQU'AU SÉPULCRE INCLUSIVEMENT
    'au même chapitre' Jn 19, 38-42

2 *Premier.* Il fut enlevé de la croix par Joseph et
Nicodème, en présence de sa Mère douloureuse.

3 *Deuxième.* Le corps fut porté au sépulcre, oint et
enseveli.

4 *Troisième.* On plaça des gardes. Mt 27, 66

299 1   LA RÉSURRECTION DU CHRIST NOTRE SEIGNEUR
    SA PREMIÈRE APPARITION

2 *Premier.* Il apparut à la Vierge Marie; ce qui, bien
qu'on ne le dise pas dans l'Écriture, est considéré

---

1. Del. *hecho pedaços* « mis en pièces ».

comme sous-entendu quand celle-ci dit qu'il est
3 apparu à tant d'autres. Car l'Écriture* suppose que
nous avons de l'intelligence, selon ce qui est écrit :
« Êtes-vous, vous aussi, sans intelligence ? »   Mc 7, 18

300 1   LA DEUXIÈME APPARITION
                         Mc, chapitre 16, 1-11

2   *Premier.* De *grand* matin[1], Marie-Madeleine,
Marie mère de Jacques et Salomé vont au tombeau,
en disant : « Qui nous enlèvera la pierre de la porte
du tombeau ? »
3   *Deuxième.* Elles voient la pierre enlevée et 'l'ange'
qui dit : « C'est Jésus, le Nazaréen, que vous cher-
chez ? Il est déjà ressuscité, il n'est pas ici. »
4   *Troisième.* Il apparut à Marie, celle qui resta près
du sépulcre, après que les autres s'en furent allées.

301 1   LA TROISIÈME APPARITION
                    saint Matthieu, dernier chapitre   Mt 28, 8-10

2   *Premier.* Ces Marie sortent du tombeau avec
crainte et grande joie, voulant annoncer aux disciples la résurrection du Seigneur.
3   *Deuxième.* Le Christ notre Seigneur leur apparut

---

1. Del. *salido el sol* « le soleil étant levé ».

en chemin, leur disant : « Salut ! » Elles s'appro-
chèrent, se jetèrent à ses pieds et l'adorèrent.

4   *Troisième.* Jésus leur dit : « Ne craignez pas ; allez
et dîtes à mes frères qu'ils aillent en Galilée, parce
qu'ils me verront là-bas. »

302 1   LA QUATRIÈME APPARITION
dernier chapitre de Luc, 9-12 ; 33-34   Lc 24

2   *Premier.* Ayant entendu dire par les femmes que
le Christ était ressuscité, saint Pierre alla en hâte au
tombeau.

3   *Deuxième.* En entrant dans le tombeau, il vit les
linges seuls, ceux dont le corps du Christ notre Seigneur avait été couvert, et rien d'autre.

4   *Troisième.* Alors que saint Pierre pensait à ces
choses, le Christ lui apparut ; et c'est pourquoi les
Apôtres disaient : « Vraiment le Seigneur est ressus-   Lc 24,34
cité et il est apparu à Simon. »

303 1   LA CINQUIÈME APPARITION
au dernier chapitre de saint Luc   Lc 24, 13-35

2   *Premier.* Il apparaît aux disciples qui allaient à
Emmaüs en parlant du Christ.

3   *Deuxième.* Il les reprend, en montrant par les Écritures que le Christ devait mourir et ressusciter : « Ô
ignorants et cœurs lents à croire tout ce qu'ont dit

les prophètes! N'était-il pas nécessaire que le Christ souffrît et qu'il entrât ainsi dans sa gloire? »

4 *Troisième.* A leur demande, il s'arrête là et il resta avec eux jusqu'à ce que, leur donnant la communion, il disparaisse. Quant à eux, s'en retournant, ils dirent aux disciples comment ils l'avaient reconnu à la communion.

304 1   LA SIXIÈME APPARITION
                Jn, chapitre 20, 19-23

2 *Premier.* Les disciples étaient réunis « par crainte des Juifs », à l'exception de saint Thomas.

3 *Deuxième.* Jésus leur apparut, les portes étant fermées; étant au milieu d'eux, il dit : « La paix soit avec vous. »

4 *Troisième.* Il leur donne l'Esprit Saint en leur disant : « Recevez l'Esprit Saint; ceux auxquels vous pardonnerez les péchés, ils leur seront pardonnés. »

305 1   LA SEPTIÈME APPARITION
                Jn 20, 24-29

2 *Premier.* Saint Thomas, incrédule parce qu'il était absent à l'apparition précédente, dit : Si je ne vois pas, je ne le croirai pas.

3 *Deuxième.* Jésus leur apparaît, huit jours après, les portes étant fermées et dit à saint Thomas : « Mets

ici ton doigt et vois la vérité, et ne sois pas incrédule mais croyant[1]. »

4   *Troisième.* Saint Thomas crut, disant : « Mon Seigneur et mon Dieu. » Le Christ lui dit : « Heureux sont ceux qui n'ont pas vu et qui ont cru. »

306 1   LA HUITIÈME APPARITION
                   Jean, dernier chapitre, 1-17   Jn 21

2   *Premier.* Jésus apparaît à sept *de ses disciples*[2] qui étaient en train de pêcher et qui, de toute la nuit, n'avaient rien pris. Jetant le filet sur son ordre, « ils ne pouvaient le retirer à cause de la grande quantité de poissons. »

3   *Deuxième.* A ce miracle, saint Jean le reconnut et dit à saint Pierre : « C'est le Seigneur. » Celui-ci se jeta à la mer et vint vers le Christ.

4   *Troisième.* Il leur donna à manger une part de poisson grillé et un rayon de miel[3]. Il confia les   Lc 24, 42
brebis à saint Pierre qui avait d'abord été interrogé par trois fois sur la charité. Et il lui dit : « Pais mes brebis. »

---

1. Litt. « fidèle » *fiel*.
2. Del. *apostoles* « apôtres ».
3. « Rayon de miel », ne figure pas dans les Évangiles.

307 1   LA NEUVIÈME APPARITION
Matthieu, dernier chapitre, 16-20   Mt 28

2   *Premier.* Les disciples, sur l'ordre du Seigneur, vont au mont Thabor.

3   *Deuxième.* Le Christ leur apparaît et dit : « Tout pouvoir m'a été donné au ciel et sur la terre. »

4   *Troisième.* Il les envoya prêcher dans le monde entier, en disant : « Allez et enseignez tous les peuples, les baptisant au nom du Père et du Fils et de l'Esprit Saint. »

308 1   LA DIXIÈME APPARITION
dans la première épître aux Corinthiens, chapitre 15,6

2   « Ensuite il a été vu par plus de cinq cents frères ensemble. »

309 1   LA ONZIÈME APPARITION
dans la première épître aux Corinthiens, chapitre 15,7

2   « Il apparut ensuite à saint Jacques. »

310 1   LA DOUZIÈME APPARITION

2   Il apparut à Joseph d'Arimathie, comme[1] *on le médite pieusement et comme on le lit dans la Vie des Saints*[2].

---

1. Del. *dize el euangelio de Nicodemo* « dit l'évangile de Nicodème ».
2. Le *Flos Sanctorum* (II, 75) ou *La légende dorée* de Jacques de Voragine.

311 1

LA TREIZIÈME APPARITION
Première épître aux Corinthiens, chapitre 15, 8

2 Il apparut à saint Paul, après l'Ascension : « En dernier lieu, c'est à moi, comme à l'avorton, qu'il est apparu. »

3 Il apparut aussi, en son âme, aux saints Pères des
4 limbes ; ¹ et après les en avoir retirés et avoir repris son corps, il apparut de nombreuses fois aux disciples et s'entretenait avec eux.

312 1

L'ASCENSION DU CHRIST NOTRE SEIGNEUR
Actes 1, 1-12

2 *Premier.* Après que, durant quarante jours, il apparut aux Apôtres, donnant beaucoup de preuves et de signes et parlant du Royaume de Dieu, il leur ordonna d'attendre à Jérusalem l'Esprit Saint promis.

3 *Deuxième.* Il les emmena au mont des Oliviers ; en leur présence il fut élevé, et une nuée le fit disparaître à leurs yeux.

4 *Troisième.* Tandis qu'ils regardaient vers le ciel, les anges leur dirent : « Hommes de Galilée, pourquoi êtes-vous là à regarder vers le ciel ? Ce Jésus, qui est emporté hors de votre vue vers le ciel, viendra de la même manière que vous l'avez vu aller au ciel. »

[Règles et Remarques]

RÈGLES
POUR SENTIR ET RECONNAÎTRE[1]
EN QUELQUE MANIÈRE LES DIVERSES MOTIONS
QUI SE PRODUISENT DANS L'ÂME, ' LES BONNES
POUR LES RECEVOIR ET LES MAUVAISES POUR
LES REJETER
Ces règles sont davantage propres
à la première Semaine.

La première règle. Chez ceux qui vont de péché mortel en péché mortel, l'ennemi a l'habitude, en général, de leur proposer des plaisirs apparents : il leur fait imaginer des jouissances et des plaisirs des sens, ' pour mieux les conserver et les faire croître dans leurs vices et leurs péchés. Chez ceux-là, le bon esprit utilise une manière de faire inverse : il les aiguillonne et mord leur conscience par le jugement moral[2] de la raison.

---

1. L'expression « sentir et reconnaître » *sentir y cognoscer* est traduite en *P2* par le verbe *discernere* : « discerner ».
2. Litt. « syndérèse » *sindérese*; le sens moral qui pousse au bien et écarte du mal (cf. saint Thomas, *Somme Théologique*, I, 79,12.)

315 1   *La deuxième règle.* Chez ceux qui se purifient intensément de leurs péchés et qui, dans le service de Dieu notre Seigneur, s'élèvent du bien vers le mieux, c'est la manière de faire inverse de celle de la

2 première règle. Car, alors, le propre du mauvais esprit est de mordre, d'attrister et de mettre des obstacles, en inquiétant par de fausses raisons pour

3 qu'on n'aille pas plus loin. Et le propre du bon esprit est de donner courage et forces, consolations, larmes, inspirations et quiétude, en rendant les choses faciles et en écartant tous les obstacles, pour qu'on aille de l'avant dans la pratique du bien[1].

316 1   *La troisième règle.* De la consolation spirituelle. J'appelle consolation le cas où se produit dans l'âme quelque motion intérieure par laquelle celle-ci en vient à s'enflammer dans l'amour de son Créateur

2 et Seigneur, ' et quand 'ensuite' elle ne peut plus aimer aucune des choses créées sur la face de la terre pour elle-même, mais seulement dans le Créateur de toutes ces choses.

3   De même, quand elle verse des larmes qui la portent à l'amour de son Seigneur, soit à cause de la douleur ressentie pour ses péchés ou pour la Passion du Christ notre Seigneur, soit pour d'autres choses droitement ordonnées à son service et à sa louange.

4   En définitive, j'appelle consolation tout accroissement d'espérance, de foi et de charité, et toute allégresse intérieure qui appelle et attire aux choses

---

1. Litt. « le bien agir », *el bien obrar*.

célestes et au bien[1] propre de l'âme, l'apaisant et la pacifiant en son Créateur et Seigneur.

317 1 *La quatrième règle.* De la désolation spirituelle. J'appelle désolation tout le contraire de la *troisième*[2]

2 règle, comme par exemple, *obscurité*[3] de l'âme, trouble intérieur, motion vers les choses basses et terrestres, absence de paix venant de diverses agitations et tentations

3 qui poussent à un manque de confiance; sans espérance, sans amour, l'âme se trouvant toute paresseuse, tiède, triste et comme séparée de son Créateur et Seigneur.

4 Car de même que la consolation est à l'opposé de la désolation, de même les pensées qui proviennent de la consolation sont à l'opposé des pensées qui proviennent de la désolation.

318 1 *La cinquième règle.* Au temps de la désolation ne jamais faire de changement, mais être ferme et constant dans les résolutions et dans la décision où l'on était le jour qui a précédé cette désolation, ou dans la décision où l'on était pendant la consolation pré

2 cédente. Car, de même que dans la consolation c'est davantage le bon esprit qui nous guide et nous conseille, de même dans la désolation c'est davantage le mauvais : avec ses conseils, nous ne pouvons prendre le chemin pour réussir.

---

1. Cf. (16,3) note.
2. Del. *primera*, « première ».
3. Del. *ceguedad*, litt. « cécité, aveuglement ».

319 1   *La sixième règle.* Bien que dans la désolation nous ne devions pas changer nos résolutions premières, il est très profitable de faire énergiquement des chan-
2 gements contre cette même désolation ; par exemple, en insistant davantage dans l'oraison ou la méditation, en s'examinant avec soin et en donnant, d'une manière convenable, plus de place à la pénitence.

320 1   *La septième règle.* Celui qui se trouve dans la désolation considérera comment le Seigneur, pour l'éprouver, l'a laissé à ses facultés naturelles, afin qu'il résiste aux diverses agitations et tentations de
2 l'ennemi ; car il le peut avec le secours divin qui lui reste toujours, même s'il ne le sent pas clairement.
3 En effet, si le Seigneur lui a retiré sa grande ferveur, son immense amour et sa grâce intense, il lui reste cependant la grâce suffisante pour le salut éternel.

321 1   *La huitième règle.* Celui qui se trouve dans la désolation travaillera à demeurer dans la patience, qui
2 est à l'opposé des vexations qui lui surviennent ; et il pensera qu'il sera vite consolé, s'il prend les moyens pour lutter contre cette désolation, comme cela a été dit dans la *sixième règle*[1].

322 1   *La neuvième règle.* Il y a trois causes principales pour lesquelles nous nous trouvons désolés.

---

1. Del. *quarta regla*, « quatrième règle ».

La première, c'est que nous sommes tièdes, paresseux ou négligents dans nos exercices spirituels; ainsi c'est à cause de nos fautes que la consolation spirituelle s'éloigne de nous.

2 La deuxième, pour nous faire éprouver ce que nous valons et jusqu'où nous allons dans son service et sa louange sans un tel salaire de consolations et de grandes grâces.

3 La troisième, pour nous donner véritable savoir et connaissance — en sorte que nous le sentions intérieurement — de ce qu'il ne dépend pas de nous de faire naître ou de conserver une grande dévotion, un amour intense, des larmes, ni aucune autre consolation spirituelle, mais que tout est don et grâce

4 de Dieu notre Seigneur; et aussi pour que nous ne fassions pas notre nid chez autrui, exaltant notre esprit en un orgueil ou une vaine gloire qui nous attribuent à nous-mêmes la dévotion ou les autres formes de consolation spirituelle.

323 *La dixième règle.* Celui qui se trouve dans la consolation pensera à la façon dont il se comportera dans la désolation qui viendra plus tard, prenant de nouvelles forces pour ce moment-là.

324 1 *La onzième règle.* Celui qui est consolé cherchera à s'humilier et à s'abaisser autant qu'il lui est possible, en pensant au peu dont il est capable dans le temps

2 de la désolation, sans cette grâce ou consolation. A 322,3
l'inverse, celui qui se trouve dans la désolation pensera qu'il peut faire beaucoup avec la grâce suffi- 320,3

sante pour résister à tous ses ennemis, en prenant des forces dans son Créateur et Seigneur.

325 1   *La douzième règle.* L'ennemi se comporte comme une femme : il est faible quand on use de la force et 2 fort quand on le laisse faire. En effet, c'est le propre de la femme, quand elle se querelle avec un homme, de perdre courage et de prendre la fuite quand 3 l'homme lui tient tête résolument ; mais, à l'inverse, si l'homme commence à fuir en perdant courage, la colère, la vengeance et la férocité de la femme deviennent immenses et sans limites.

4   De même, c'est le propre de l'ennemi de faiblir et 5 de perdre courage, de fuir avec ses tentations, ¹ lorsque celui qui s'exerce dans les choses spirituelles tient tête résolument aux tentations de l'ennemi, 6 faisant 'diamétralement' l'opposé. A l'inverse, si celui qui s'exerce commence à avoir peur et à perdre 7 courage lorsqu'il subit des tentations, ¹ il n'y a pas sur la face de la terre bête aussi féroce que l'ennemi de la nature humaine pour poursuivre avec la plus grande perversité son intention de nuire.

326 1   *La treizième règle.* Il se comporte également comme un amoureux frivole, désirant rester dans le 2 secret et ne pas être découvert. En effet, lorsqu'un homme frivole tient des propos mal intentionnés et sollicite la fille d'un bon père ou l'épouse d'un bon mari, il désire que ses paroles et ses insinuations¹

---

1. *Suasiones*, tout ce par quoi on cherche, habilement, à persuader quelqu'un de quelque chose.

3 restent secrètes. Au contraire, il lui déplaît fort que la fille découvre à son père ou l'épouse à son mari ses paroles frivoles et son intention dépravée, car il en déduit aisément qu'il ne pourra réussir dans l'entreprise commencée.

4 De même quand l'ennemi de la nature humaine vient à l'âme juste avec ses ruses et ses insinuations[1], il souhaite et désire qu'elles soient reçues et gardées

5 secrètes. Mais quand celle-ci les découvre à son bon confesseur ou à une autre personne spirituelle qui connaît ses tromperies et ses actions perverses, il en

6 est très dépité. Car il en conclut qu'il ne pourra réussir dans l'action perverse qu'il a commencée, parce que ses tromperies évidentes sont découvertes.

327 1 *La quatorzième règle.* Il se comporte également comme un chef de guerre voulant vaincre et déro-

2 ber ce qu'il désire. En effet, un capitaine et chef d'armée en campagne, après avoir établi son camp et examiné les forces ou le dispositif d'un château, l'attaque par l'endroit le plus faible.

3 De même, l'ennemi de la nature humaine fait sa ronde, examine en particulier chacune de nos vertus

4 théologales, cardinales et morales; et c'est là où il nous trouve plus faibles et plus démunis pour notre salut éternel, qu'il nous attaque et essaie de nous prendre.

---

1. Cf. (326,2) note.

RÈGLES •

VISANT LE MÊME EFFET AVEC UN PLUS GRAND
DISCERNEMENT DES ESPRITS
Elles conviennent davantage à la deuxième Semaine

329 1   *La première règle.* C'est le propre de Dieu et de ses
anges de donner, dans leurs motions, la véritable
allégresse et joie spirituelle, en supprimant toute
2 tristesse et trouble que suscite l'ennemi. Le propre
de celui-ci est de lutter contre cette allégresse et
cette consolation spirituelle, en présentant des raisons apparentes, des subtilités et de continuels
sophismes.

330 1   *La deuxième règle.* C'est seulement à Dieu notre
Seigneur, qu'il appartient de donner à l'âme une
consolation sans cause précédente ; car c'est le
propre du Créateur d'entrer, de sortir, de produire
en elle une motion, l'amenant tout entière à
2 l'amour de sa divine majesté. Je dis : sans cause,
c'est-à-dire, sans que, préalablement, elle ne sente ou
ne connaisse quelque objet grâce auquel cette conso-

lation pourrait venir par le moyen des actes de son intelligence et de sa volonté[1].

331 1   *La troisième règle.* Avec cause, le bon ange aussi bien que le mauvais peuvent consoler l'âme, mais à 2 des fins contraires : le bon ange pour le profit de l'âme, afin qu'elle croisse et s'élève du bien vers le 3 mieux ; et le mauvais ange, pour le contraire, et afin de l'entraîner ensuite dans son intention de nuire et sa perversité.

332 1   *La quatrième règle.* C'est le propre de l'ange mauvais, qui se transforme en 'ange de lumière', d'entrer dans les vues de[2] l'âme fidèle[3] et de sortir 2 avec les siennes[4], c'est-à-dire en présentant des pensées bonnes et saintes, en accord avec cette âme juste, et ensuite, d'essayer peu à peu de faire aboutir les siennes[5] en entraînant l'âme dans ses tromperies et ses intentions perverses.

333 1   *La cinquième règle.* Nous devons être très attentifs au déroulement de nos pensées. Si le commencement, le milieu et la fin sont entièrement bons et entièrement orientés vers le bien, c'est le signe du 2 bon ange. Mais si le déroulement des pensées qui

---

1. Del. *hoc probat Deatus* (sic) *Tho.p^a 2^a q.9 art.6° et q.10 art.4°* « ceci est prouvé par le bienheureux Thomas... » (suivent les références de la *Somme Théologique*).
2. Add. « les vues de ».
3. Cf. (15,3) note.
4. *Salir consigo* : « en venir là où l'on veut ».
5. Add. « les siennes ».

nous est présenté aboutit à quelque chose de mauvais, ou qui détourne du bien, ou qui est moins bon que ce que l'âme s'était auparavant proposé de faire,
3 | ou encore qui affaiblit, inquiète ou trouble l'âme en lui enlevant la paix, la tranquillité et la quiétude
4 qu'elle avait auparavant, | c'est un signe clair que cela vient du mauvais esprit, ennemi de notre progrès et de notre salut éternel.

334 1 *La sixième règle.* Quand l'ennemi de la nature humaine aura été senti et reconnu à sa queue de serpent et à la fin mauvaise vers laquelle il entraîne, | il
2 est profitable, pour celui qui a été tenté par lui, de regarder ensuite le déroulement des pensées bonnes
3 qu'il lui a présentées et leur commencement, | puis comment, peu à peu, il a essayé de le faire descendre de la suavité et de la joie spirituelle où il était, jusqu'à l'entraîner dans son intention dépravée.
4 Ainsi, par cette expérience connue et notée, on se gardera à l'avenir de ses tromperies habituelles.

335 1 *La septième règle.* Chez ceux qui vont de bien en mieux, le bon ange touche l'âme doucement, légèrement et suavement, comme une goutte d'eau qui
2 pénètre dans une éponge. Mais le mauvais la touche de façon aigüe, avec bruit et agitation, comme
3 lorsque la goutte d'eau tombe sur la pierre. Chez ceux qui vont de mal en pis, ces mêmes esprits les
4 touchent d'une manière opposée. La cause en est que la disposition de l'âme est opposée ou semblable
5 à celle de ces anges. En effet, quand elle leur est

opposée, ils entrent avec fracas, en frappant les sens
6 de façon perceptible. Mais quand elle est semblable,
ils entrent en silence, comme chez eux, portes
ouvertes.

336 1   *La huitième règle.* Quand la consolation est sans
cause, il n'y a pas de tromperie en elle, puisque,
comme on l'a dit, elle vient seulement de Dieu
2 notre Seigneur. Cependant la personne spirituelle
à qui Dieu donne cette consolation doit regarder et
distinguer avec beaucoup de vigilance et d'attention
3 le temps même de cette réelle consolation [1] et le
temps qui suit, où l'âme reste toute brûlante et favo-
risée du bienfait reçu et des suites de la consolation
précédente.

4   Souvent, en effet, dans ce second temps, soit par
notre propre raisonnement qui fait des liaisons et
des déductions à partir de nos idées et de nos juge-
ments, soit du fait du bon esprit ou du mauvais,
5 [1] nous concevons divers projets et diverses opinions
qui ne sont pas donnés immédiatement [1] par Dieu
6 notre Seigneur. C'est pourquoi il est nécessaire de
les examiner très attentivement avant de leur donner entier crédit et de les mettre à exécution.

---

1. *Inmediatamente*, litt. « sans intermédiaire ».

DANS LE MINISTÈRE DE DISTRIBUER DES AUMÔNES
ON DOIT OBSERVER LES RÈGLES SUIVANTES

338 1   *La première règle.* Si je fais la distribution à des
parents ou à des amis ou à des personnes pour lesquelles j'ai de l'affection, je devrai regarder quatre
choses, dont on a parlé en partie au sujet de l'élection.   184-187

2   La première est que cet amour qui me meut et me
fait donner l'aumône descende d'en haut, de
3 l'amour de Dieu notre Seigneur, ' de sorte que je
sente d'abord en moi que l'amour plus ou moins
grand que j'ai pour ces personnes est pour Dieu, et
que Dieu transparaisse dans le motif pour lequel je
les aime davantage.

339 1   *La deuxième règle.* Je veux imaginer un homme
2 que je n'ai jamais vu ni connu ' et, désirant pour lui
toute perfection dans le ministère et l'état qui sont
les siens, voir comment je voudrais qu'il se règle
dans sa manière de distribuer les aumônes, pour une
plus grande gloire de Dieu notre Seigneur et une
3 plus grande perfection de son âme. Et moi, faisant
ainsi, ni plus ni moins, j'observerai la règle et la

norme que je voudrais pour cet autre et que je juge être la meilleure[1].

340 1   *La troisième règle.* Je veux considérer, comme si j'étais à l'article de la mort, la façon de procéder et la norme que je voudrais alors avoir suivies dans la 2 charge de mon administration. Me réglant sur elles, je les observerai dans chacune de mes distributions.

341 1   *La quatrième règle.* Considérer comment je serai au jour du jugement ; bien penser comment je voudrais alors avoir rempli cette charge et cet office du 2 ministère, ' et, la règle que je voudrais alors avoir suivie, la suivre maintenant.

342 1   *La cinquième règle.* Lorsque l'on sent de l'inclination et de l'affection pour certaines personnes aux- 2 quelles on veut distribuer des aumônes, ' on s'arrêtera et ruminera bien les quatre règles précédentes, en se servant d'elles pour examiner et éprouver son 3 affection[2]. Et on ne donnera pas l'aumône avant d'avoir, conformément à ces règles, tout à fait écarté et rejeté son affection désordonnée.

343 1   *La sixième règle.* Il n'y a pas de faute à prendre les biens de Dieu notre Seigneur[3] pour les distribuer,

---

1. Litt. « que je juge être telle », *que juzgo seer tal*, c'est-à-dire « que je juge être pour une plus grande gloire de Dieu et une plus grande perfection de son âme ».

2. *Examinando y probando su affection con ellas* ; autre traduction : « en examinant et en éprouvant son affection pour elles » (s.e. les personnes dont on a parlé).

3. C'est-à-dire, les revenus des fondations ecclésiastiques.

quand on est appelé à un tel ministère par Dieu
2 notre Seigneur. Cependant, pour ce qui est du
montant et de la quantité qu'on doit prendre et
s'attribuer à soi-même sur ce qu'on détient pour le
donner aux autres, on peut se demander s'il y a
3 faute et excès. C'est pourquoi on peut se réformer
dans sa vie et son état, en se servant des règles précédentes.

344 1   *La septième règle.* Pour les raisons déjà mentionnées, et pour beaucoup d'autres, il est toujours meilleur et plus sûr, pour ce qui touche à nous-mêmes et
2 à notre train de maison, ¹ de retrancher et de nous
restreindre le plus possible, et de nous rapprocher le
plus possible de notre souverain Pontife, notre
modèle et notre règle, qui est le Christ notre Sei-
3 gneur. Conformément à cela, le IIIᵉ Concile de
Carthage (auquel saint Augustin était présent)
décida et ordonna que le mobilier de l'évêque soit
ordinaire et pauvre.
4   Il faut faire la même considération pour tous les
genres de vie, en l'adaptant et en tenant compte de
5 la condition et de l'état des personnes. Ainsi, pour
le mariage, nous avons l'exemple de saint Joachim
et de sainte Anne qui partageaient leurs biens en
6 trois parts : ils donnaient la première aux pauvres,
la deuxième au ministère et au service du Temple, et
ils prenaient la troisième pour leur propre subsistance et celle de leur famille.

LES REMARQUES QUI SUIVENT AIDENT
A SENTIR ET A COMPRENDRE[1] LES SCRUPULES
ET LES INSINUATIONS[2] DE NOTRE ENNEMI

346 1   *La première remarque.* On appelle communément scrupule ce qui provient de notre propre jugement et de notre liberté propre, c'est-à-dire quand librement j'imagine que ce qui n'est pas péché est péché.

  2 C'est, par exemple, ce qui se passe quand quelqu'un, après avoir marché 'par hasard' sur une croix de paille, s'imagine, par son propre jugement, qu'il a péché. Ceci est à proprement parler un jugement erroné et non pas proprement un scrupule.

347 1   *La deuxième remarque.* Après avoir marché sur cette croix ou après avoir pensé ou dit ou fait quelque autre chose, il me vient du dehors la pensée que j'ai péché; et d'autre part il me semble que je

  2 n'ai pas péché. Cependant, en tout cela, je ressens du trouble parce que, à la fois, je doute et je ne doute pas. Cela est proprement un scrupule et une tentation que l'ennemi me propose.

---

1. « A sentir et à comprendre », *sentir y entender*, est traduit en
P2 par *ad discernendum*, « pour discerner ».
2. Cf. (326,2), note.

348 1   *La troisième remarque.* Le premier scrupule, celui
de la première remarque, il faut l'avoir grandement
en horreur parce que tout en lui n'est qu'erreur ;
mais le second, celui de la deuxième remarque, n'est
pas sans être de quelque profit, durant un certain
temps, pour l'âme qui s'adonne à des exercices spiri-
2   tuels. Bien plus, il purifie et lave grandement cette
âme en l'écartant beaucoup de tout ce qui a une
apparence de péché, 'selon ce que dit saint Grégoire : « C'est le propre des âmes bonnes de voir
une faute là où il n'y en a aucune[1]. »'

349 1   *La quatrième remarque.* L'ennemi regarde bien si
une âme est grossière ou délicate. Si elle est délicate,
il essaie de la rendre plus délicate encore, jusqu'à
l'excès, pour la troubler et la perturber davantage.
2   'Par exemple' s'il voit qu'une âme ne consent en
son for intérieur ni au péché mortel ni au péché
véniel, ni à aucune apparence de péché délibéré,
3   ' alors l'ennemi, quand il ne peut pas la faire tomber
en quoi que ce soit qui semble être un péché, essaie
de lui faire imaginer un péché là où il n'y a pas
péché, comme par exemple dans un mot ou une
pensée sans importance.
4   Si l'âme est grossière, l'ennemi essaie de la rendre
5   plus grossière encore. 'Par exemple', si elle ne faisait
auparavant aucun cas des péchés véniels, il essaiera
d'obtenir qu'elle fasse peu de cas des péchés mor-

---

1. *Bonarum mentium est ibi culpam cognoscere, ubi culpa nulla est.*
(Cf. Migne P.L., t. 77, col. 1195/B.)

tels ; et si elle en faisait quelque cas auparavant[1], qu'elle en fasse maintenant beaucoup moins ou n'en fasse aucun.

350 1   *La cinquième remarque.* L'âme qui désire progresser dans la vie spirituelle doit toujours procéder selon une manière inverse de celle de l'ennemi ;
2   c'est-à-dire que, si l'ennemi veut rendre l'âme grossière, elle cherchera à se rendre délicate. De même,
3   si l'ennemi essaie de l'affiner pour l'amener jusqu'à l'excès, l'âme cherchera à s'établir solidement dans le juste milieu pour être tout à fait dans la paix.

351 1   *La sixième remarque.* Parfois cette âme bonne veut, en conformité avec l'Église et avec la pensée de nos supérieurs, dire ou réaliser quelque chose qui
2   est à la gloire de Dieu notre Seigneur ; mais il lui vient du dehors une pensée ou une tentation de ne pas dire ou de ne pas réaliser cette chose-là, en lui présentant des raisons apparentes de vaine gloire ou d'autre chose, etc. Elle doit alors élever son esprit
3   vers son Créateur et Seigneur, et si elle voit que c'est son juste service, ou que du moins cela ne s'y oppose pas, elle doit agir 'diamétralement' contre cette tentation, 'selon la réponse que fit saint Bernard à l'ennemi : « Ce n'est ni à cause de toi que j'ai commencé, ni à cause de toi que je m'arrêterai[2]. »'

---

1. S.e. « des péchés véniels ».
2. *Nec propter te incepi, nec propter te finiam.* Cette formule est rapportée par Jacques de Voragine dans *La légende dorée* ou *Flos Sanctorum.*

POUR AVOIR LE VRAI SENS QUI
        DOIT ÊTRE LE NÔTRE DANS L'ÉGLISE MILITANTE
          QUE L'ON OBSERVE LES RÈGLES QUI SUIVENT

353   *La première règle.* Laissant tout jugement propre,
nous devons avoir l'esprit disposé et prompt à obéir
en tout à la véritable Épouse du Christ notre Seigneur, qui est notre sainte Mère l'Église hiérarchique.

354   *La deuxième règle.* Louer la confession au prêtre et
la réception du très saint Sacrement une fois par an
et, plus encore, chaque mois, et bien mieux encore
tous les huit jours, dans les conditions requises et
dues.

355 1   *La troisième règle.* Louer l'assistance fréquente à la
messe; *de même*, les chants, la psalmodie, les lon-
   2   gues prières dans l'église ou en dehors. De même les
horaires fixant des temps pour tout l'office divin,
toutes les prières et toutes les heures canoniales.

356   *La quatrième règle.* Louer beaucoup la vie religieuse, la virginité et la continence, et ne pas louer
autant le mariage que celles-ci.

357 1   *La cinquième règle.* Louer les vœux de religion,
d'obéissance, de pauvreté, de chasteté et les vœux
surérogatoires portant sur d'autres perfections.

2   Il faut remarquer que, puisque le vœu porte sur
les choses qui tendent à la perfection évangélique, il
ne faut pas faire de vœux sur les choses qui s'en éloi-
gnent, comme par exemple devenir commerçant, se
marier, etc.

358   *La sixième règle.* Louer les reliques des saints,
vénérant celles-là et priant ceux-ci. Louer les
stations[1], les pèlerinages, les indulgences, les
jubilés[2], les bulles de croisade[3] et les cierges que l'on
fait brûler dans les églises.

359   *La septième règle.* Louer les décrets concernant le
jeûne et l'abstinence, comme par exemple ceux
pour le Carême, les Quatre-Temps[4], les Vigiles, les
vendredis et samedis, de même que les pénitences,
non seulement intérieures mais même extérieures.

---

1. Visites à des églises pour gagner une indulgence.
2. Litt. « les pardons », *perdonanzas* : fêtes où l'on obtient une
indulgence.
3. Cf. (42,3) note.
4. Trois jours de jeûne (mercredi, vendredi et samedi) étaient
prescrits au début de chacune des quatre saisons de l'année.

360   *La huitième règle.* Louer la décoration et les édi-
fices des églises, ainsi que les images et le fait de les
vénérer pour ce qu'elles représentent.

361   *La neuvième règle.* Louer, en définitive, tous les
préceptes[1] de l'Église, ayant l'esprit prompt à chercher des raisons pour les défendre et, en aucune
manière, pour les attaquer.

362 1   *La dixième règle.* Nous devons être plutôt prêts à
approuver et à louer aussi bien les décrets et les
2 ordonnances que la conduite de nos supérieurs. Car,
bien que la conduite de certains ne soit pas ou n'ait
pas été louable, parler contre elle, soit dans des pré-
dications publiques, soit dans des entretiens en présence des gens simples, engendrerait plus de médi-
3 sance et de scandale que de profit. En effet, le
peuple s'indignerait alors contre ses supérieurs aussi
bien temporels que spirituels.

4   De sorte que, s'il est nuisible de parler mal des
supérieurs en leur absence, aux gens simples, il peut
être profitable de parler de leur mauvaise conduite
aux personnes mêmes qui peuvent y porter remède.

363 1   *La onzième règle.* Louer la théologie positive et la
théologie scolastique. C'est en effet plutôt le propre
des docteurs positifs, par exemple, saint Jérôme,
saint Augustin, saint Grégoire, etc., de mouvoir les
sentiments pour aimer et servir en tout Dieu notre

---

1. Au sens large de : « Tout ce qui est prescrit par l'Église ».

2 Seigneur, [1] et c'est plutôt le propre des scolastiques,
par exemple saint Thomas, saint Bonaventure, et le
3 Maître des Sentences[1], etc. [1] de définir *ou d'expliquer
pour notre époque* les choses nécessaires au salut éternel et pour mieux réfuter et expliquer toutes les
4 erreurs et tous les sophismes. En effet, comme les
docteurs scolastiques sont plus modernes, non seulement ils profitent de la véritable intelligence de la
5 sainte Écriture et des saints docteurs positifs, [1] mais
encore, illuminés et éclairés par la grâce divine, ils
trouvent une aide dans les conciles, les canons et les
décrets de notre sainte Mère l'Église.

364 1 *La douzième règle.* Nous devons nous garder de
faire des comparaisons entre nous qui sommes
vivants et les bienheureux d'autrefois, car on ne se
2 trompe pas peu en cela, en disant par exemple :
« Celui-ci en sait plus que saint Augustin, c'est un
autre saint François ou il le dépasse même, c'est un
autre saint Paul en bonté, en sainteté, etc. »

365 1 *La treizième règle.* Pour toucher juste en tout,
nous devons toujours tenir ceci : ce que moi je vois
blanc, croire que c'est noir si l'Église hiérarchique
2 en décide ainsi[2]. Car nous croyons qu'entre le
Christ notre Seigneur, l'Époux, et l'Église, son
Épouse, c'est le même Esprit qui nous gouverne et

---

1. Pierre Lombard, mort en 1160, dont le *Liber IV Sententiarum*
servit de manuel de théologie jusqu'au XVIe siècle.
2. Cette proposition vise directement Erasme.

3 nous dirige pour le salut de nos âmes. En effet, c'est par le même Esprit et Seigneur[1] qui nous donna les dix commandements, que notre sainte Mère l'Église est dirigée et gouvernée.

366 1 *La quatorzième règle.* Bien que ce soit la vérité que personne ne puisse se sauver sans être prédestiné et 2 sans avoir la foi et la grâce,¹ il faut faire très attention dans la manière de parler et de s'exprimer sur toutes ces questions.

367 1 *La quinzième règle.* Nous ne devons pas, habituellement, parler beaucoup de la prédestination. Mais si, en quelque manière, on en parle parfois, qu'on en parle de telle façon que les gens simples n'en viennent pas à quelque erreur, comme cela arrive 2 parfois, en disant : « Que je doive être sauvé ou condamné, c'est déjà décidé ; et, que j'agisse bien ou 3 mal, il ne peut plus en être autrement. » Et ainsi, se relâchant, ils négligent les œuvres qui conduisent au bien[2] et au progrès *spirituel* de leurs âmes.

368 1 *La seizième règle.* De la même façon, il faut faire attention à ce que, en parlant beaucoup de la foi et avec beaucoup de ferveur, sans aucune distinction ni explication,¹ on ne donne occasion au peuple d'être 2 relâché et paresseux dans les œuvres, soit avant d'avoir la foi informée par la charité, soit après.

---

1. Litt. « Seigneur nôtre », *Señor nuestro*.
2. Cf. (16,3), note.

369 1   *La dix-septième règle.* De même, nous ne devons pas parler si abondamment de la grâce, ni y insister tellement, que cela engendre le poison qui supprime 2 la liberté. C'est-à-dire qu'on peut parler de la foi et de la grâce autant qu'il est possible avec le secours divin, pour une plus grande louange de sa divine 3 majesté, ¹ mais non de telle façon ni de telle manière que, surtout à notre époque si dangereuse, les œuvres et le libre arbitre en subissent quelque préjudice ou soient comptés pour rien.

370 1   *La dix-huitième règle.* Bien qu'il faille estimer par-dessus tout le fait de beaucoup servir Dieu notre Seigneur par pur amour, nous devons aussi beau-2 coup louer la crainte de sa divine majesté. Car non seulement la crainte filiale est une chose pieuse et très sainte, mais même la crainte servile aide beaucoup à sortir du péché mortel là où l'on ne parvient 3 pas à autre chose de meilleur et de plus utile. Et, une fois qu'on en est sorti, on en vient facilement à la crainte filiale qui est pleinement acceptée et agréée par Dieu notre Seigneur, parce qu'elle ne fait qu'un avec l'amour de Dieu.

FIN

Prières

Les *Exercices Spirituels* renvoient fréquemment à des prières ou à d'autres formules, comme le *Credo*, que saint Ignace suppose connues par cœur. Nous en donnons ici la traduction française la plus courante, en conservant les titres latins, tels qu'ils figurent dans le texte.

N.B. On trouvera, dans le Vocabulaire qui suit, la liste des Commandements de Dieu, des Œuvres de miséricorde, des Péchés mortels, des Préceptes de l'Église et des Vertus (cardinales, morales et théologales) qui servaient, du temps de saint Ignace, à faire l'examen de conscience (cf. 18,41-42 et 238-245).

Notre Père, qui es aux cieux,
    que ton nom soit sanctifié,
    que ton règne vienne,
    que ta volonté soit faite
    sur la terre comme au ciel,

Donne-nous aujourd'hui notre pain de ce jour,
    pardonne-nous nos offenses,
    comme nous pardonnons aussi
    à ceux qui nous ont offensé
    et ne nous soumets pas à la tentation,
    mais délivre-nous du mal.

Amen.

ANIMA CHRISTI

Âme du Christ, sanctifie-moi,
    Corps du Christ, sauve-moi,
    Sang du Christ, enivre-moi,
    Eau du côté du Christ, lave-moi,
    Passion du Christ, fortifie-moi.

Ô bon Jésus, exauce-moi,
    dans tes blessures, cache-moi
    ne permets pas que je sois séparé de toi;
    de l'ennemi, défends-moi,
    à ma mort, appelle-moi,
    ordonne-moi de venir à toi,
    pour qu'avec tes saints je te loue
    dans les siècles des siècles,

Amen.

AVE MARIA

Je vous salue, Marie, pleine de grâce,
 le Seigneur est avec vous,
 vous êtes bénie entre toutes les femmes
 et Jésus, le fruit de vos entrailles, est béni.

Sainte Marie, Mère de Dieu,
 priez pour nous, pauvres pécheurs,
 maintenant et à l'heure de notre mort.

Amen.

autre traduction

Réjouis-toi Marie, pleine de grâce,
 le Seigneur est avec toi,
 tu es bénie entre les femmes
 et Jésus, ton Enfant, est béni.

Sainte Marie, Mère de Dieu,
 prie pour nous, pécheurs,
 maintenant et à l'heure de notre mort.

Amen.

Salut, ô Reine, Mère de miséricorde,
    notre vie, notre joie, notre espérance, salut !

    Enfants d'Ève, exilés, nous crions vers toi ;
    vers toi nous soupirons, gémissant et pleurant
    dans cette vallée de larmes.

    Ô toi, notre avocate, tourne vers nous
    ton regard miséricordieux,
    et après cet exil, montre-nous Jésus,
    le fruit béni de tes entrailles !

    Ô clémente, ô miséricordieuse, ô douce Vierge
                                    [Marie !

Amen.

Je crois,
    en Dieu, le Père tout-puissant,
    créateur du ciel et de la terre ;

    et en Jésus-Christ,
    son Fils unique, Notre Seigneur,
    qui a été conçu du Saint Esprit,
    est né de la Vierge Marie,
    a souffert sous Ponce Pilate,
    a été crucifié,
    est mort et a été enseveli,
    est descendu aux enfers,
    le troisième jour, est ressuscité des morts,
    est monté aux cieux,
    est assis à la droite de Dieu, le Père tout-puissant,
    d'où il viendra juger les vivants et les morts.

Je crois au Saint Esprit

    à la sainte Église catholique,
    à la communion des saints,
    à la rémission des péchés,
    à la résurrection de la chair,
    à la vie éternelle.

Amen.

Vocabulaire

Additions	Contemplation	Humilité
Affections	Désolation	Indifférent
Annotations	Discernement	Méditation
Appliquer	Écriture(s)	Motions
les sens	Élection	Mystères
Bénéfices	Esprits	Œuvres de
Colloque	État	miséricorde
Commandements	Évangile(s)	Péchés mortels
de Dieu	Examen	Préceptes de
Composition	Exercices	l'Église
de lieu	Facultés	Répétitions
Considération	de l'âme	Sens du corps
Consolation	Histoire	Vertus

Les mots qui précèdent ont, sous la plume de saint Ignace, un sens particulier. Nous en donnons ici un bref commentaire explicatif en vue d'une meilleure intelligence du texte des *Exercices*. Les mots suivis d'un astérisque (*) font partie du présent vocabulaire. Les numéros entre parenthèses renvoient généralement au texte des *Exercices Spirituels*.

ADDITIONS

Série de conseils pratiques qui aident celui qui donne les Exercices à tenir compte aussi bien du comportement de l'exercitant que de tout l'environnement de la retraite. Les additions aident à tirer un meilleur profit des Exercices*.

Une première série d'additions complète l'examen* particulier (27-30); elle est, elle-même, précisée par une remarque (31). La seconde série est la plus connue. C'est à elle qu'Ignace pense quand il emploie le mot dans la sixième annotation (6,3) et dans les directoires. Les dix conseils de cette série, donnés à la suite des cinq méditations* de première Semaine (78-82), sont adaptés, de Semaine en Semaine, à la progression des propositions pour l'oraison et des attitudes subjectives de l'exercitant (130-131; 206; 229). La deuxième addition de la deuxième Semaine (130,2), indiquant comment se préparer de façon prochaine à l'oraison et adaptant le n° 74, est rappelée dans les trois manières de prier (239; 250; 258). Ce conseil revient huit fois, à travers toute l'expérience et montre ainsi son importance pour la prière de tous les jours, hors retraite.

AFFECTIONS

Le mot n'est pas à prendre dans un sens sentimental (« avoir de l'affection pour »), mais comme une dimension fondamentale de l'homme. Il vient de la *devotio moderna*, laquelle s'enracine elle-même, dans la piété monastique, notamment cistercienne. A partir de saint Bernard, s'est répandue une manière de prendre en compte la sensibilité dans la vie spirituelle elle-même. On la sanctifie en la reconnaissant et en la pénétrant d'Évangile. Le mot, selon cette tradition, est important pour faire comprendre ce que saint Ignace comprend par « volonté » : celle-ci se situe moins dans la ligne de l'effort humain que dans celle du désir. (Voir « Facultés de l'âme »).

Les *Exercices* accordent une place décisive au « sentir ». Ainsi, pour Ignace : 1) personne, et moins encore l'exercitant, n'est jamais dans une neutralité affective ; 2) l'affectivité, qui donne de sentir, n'est pas un mal, mais à la fois un instrument à mettre en œuvre et une donnée dans laquelle la personne doit se construire ; 3) il s'agit, en fin de compte, d'apprendre à se libérer des « affections désordonnées », c'est-à-dire de celles qui détournent de la fin pour laquelle l'homme est créé (23).

ANNOTATIONS

Ensemble de vingt avertissements placés en tête du livret (1-20) et qui constituent un petit directoire à l'intention de celui qui donne les Exercices. On y trouve des indications pour présenter ceux-ci à l'exercitant (1-5), pour assurer, dans la ligne du discernement* spirituel, une relation juste avec lui (6-17), pour proposer différentes formes que peut prendre l'expérience des Exercices selon les capacités, la disponibilité en temps et enfin la qualité des désirs de chacun (18-20).

APPLIQUER LES SENS

A partir de la deuxième Semaine, saint Ignace propose une « application des sens » comme dernier exercice de la journée. Il invite ainsi l'exercitant à se laisser toucher, à travers sa sensibilité, jusque dans son corps par le Verbe de Vie, rendu visible, audible et palpable à nos sens (1 Jn 1, 1-3). Préparé par les contemplations*, leurs reprises et répétitions*, le retraitant se laisse informer en tout lui-même par les mystères* de la vie du Christ Jésus (121-126), dans la ligne de la seconde épître aux Corinthiens 3,18. Par cet exercice, saint Ignace infléchit, par une juste prise en compte de la sensibilité et du corps, l'antique doctrine des « sens spirituels », mise en forme par Origène au IIIᵉ siècle dans une perspective spiritualisante et dualiste. (Voir aussi « Contemplation ».)

BÉNÉFICES

Ce mot se rapporte à une institution, remontant au haut Moyen Age, établie en vue d'assurer la rétribution du clergé séculier et la subsistance des moines et des moniales. A tout service d'Église, ministériel ou purement spirituel, comme l'office divin par exemple, est attaché un bien-fonds dont les revenus font vivre ceux qui en sont chargés. Ce système, légitime et nécessaire à ses origines, avait fini par donner lieu à de véritables trafics, malgré les règles canoniques et à cause de leur excessive complexité.

COLLOQUE

Tel qu'il est défini par saint Ignace (54), avec des nuances apportées aux nᵒˢ 109 et 199, le colloque insiste, conformément à l'étymologie du mot (« parler avec »), non seulement sur la présence de Dieu avec qui on converse, mais encore sur la prière orale. Saint Ignace accorde à celle-ci une place importante, à côté et surtout au terme de la prière mentale, selon une tradition qui, à travers la piété médiévale, remonte jusqu'aux psaumes.

COMMANDEMENTS DE DIEU

Le Décalogue ou « les dix Paroles » est conservé dans la Bible sous deux formes : au livre de l'Exode (Ex 20, 2-17) et dans le Deutéronome (Dt 5, 6-21). La division de ces préceptes en dix commandements, telle qu'elle est utilisée couramment par les catholiques et les luthériens, répartit les versets de l'Exode de la façon suivante : 3-6 ; 7 ; 8-11 ; 12 ; 13 ; 14 ; 15 ; 16 ; 17a ; 17b. C'est saint Augustin qui a introduit le Décalogue sous cette forme dans son exposé de la doctrine chrétienne destiné aux catéchumènes. En France, le *Catéchisme national* de 1948 formulait ainsi les dix commandements de Dieu :

1 - Tu adoreras Dieu seul et tu l'aimeras plus que tout ;

2 - Tu ne prononceras le nom de Dieu qu'avec respect ;

3 - Tu sanctifieras le jour du Seigneur ;

4 - Tu honoreras ton père et ta mère ;

5 - Tu ne tueras pas ;

6 - Tu ne feras pas d'impuretés ;

7 - Tu ne voleras pas ;

8 - Tu ne mentiras pas ;

9 - Tu n'auras pas de désir impur volontaire ;

10 - Tu ne désireras pas injustement le bien des autres.

(Voir aussi « Examen » et, dans ce même article, les remarques sur la pénitence.)

COMPOSITION DE LIEU

C'est une préparation, constamment rappelée, qui fait partie de tout exercice de méditation* ou de contemplation*. Elle fait appel à l'imagination. En l'expliquant (47), saint Ignace montre que l'imagination est une faculté* à mettre en action ; on n'imagine pas sans faire un travail ; travail qui ne consiste pas à mettre ensemble des idées ou des mots, mais les éléments d'un tableau. Le retraitant précise ainsi le lieu évangélique dans lequel il va se situer au cours de l'exercice. Dans le cas des mystères* de la vie du Christ, où il est appelé à contempler « des choses visibles », il construit le lieu matériel où se trouve ce qu'il veut contempler (47,3). Dans le cas où l'on considère des « choses invisibles », le lieu est l'exercitant lui-même qui se met en situation ou en scène. C'est le cas de tous les exercices de première Semaine où le retraitant a, d'une manière qui lui est propre, à s'imaginer comme aliéné de lui-même. A l'inverse, dans l'exercice des « trois hommes » (151), en deuxième Semaine, et dans la « contemplation pour parvenir à l'amour » (232), il se ressaisit en situation de communion avec Dieu et ses saints.

CONSIDÉRATION

Il ne s'agit pas à proprement parler d'une forme de prière. Mis à l'honneur par le *De Consideratione*, offert par saint Bernard à son fils spirituel le pape Eugène III, le mot indique une attention soutenue à ce que Dieu fait dans le cours réel des choses. (Voir « Contemplation ».)

CONSOLATION SPIRITUELLE

Le discernement ignatien est intrinsèquement lié à l'identification et à l'évaluation des affections* positives, dites consolations, ou négatives, dites désolations*, éprouvées dans la considération* des mystères* de la foi. Saint Ignace s'explique à ce sujet dès les annotations* (6 à 10, 13, 14 et 17), qui renvoient elles-mêmes aux règles de discernement* de la première et de la deuxième Semaine. Les premières (313-327) donnent des critères permettant d'identifier les diverses affections*; elles insistent sur les désolations* qui sont plus difficiles à accepter et donc à reconnaître. Les secondes (328-336) forment un petit traité de la consolation*, plus délicate à interpréter, car plus flatteuse pour l'affectivité

et par suite plus trompeuse aussi. C'est dans la première série de ces règles que l'on trouve une définition descriptive et antithétique de la consolation et
de la désolation (316-317). On peut lire à ce sujet
l'*Autobiographie* (n⁰ˢ 7, 8 et 21) qui rapporte l'expérience personnelle d'Ignace.

Il faut bien entendre l'adjectif « spirituel » qui
qualifie la consolation et la désolation. Il ne prétend
pas établir une catégorie spéciale d'affections* ou
d'états psychologiques, mais désigne une manière de
lire dans l'Esprit, c'est-à-dire dans la foi qui est confiance fondamentale en Dieu agissant en tout nous-
même, toutes les pensées et tous les sentiments qui
se produisent en nous. (Voir, à ce sujet, le n° 32.)

CONTEMPLATION

Saint Ignace emploie trois termes pour spécifier
l'acte de prier : la considération*, la méditation* et
la contemplation. Il ne le fait pas au hasard. Repre-
nant dans les deux derniers termes une gradation
traditionnelle, il l'interprète non dans le sens de
l'ascension spirituelle mais dans la ligne de l'Incarnation. Il n'y a pas, à proprement parler, de voie
unitive dans les *Exercices* (Cf. 10).

La contemplation ignatienne se qualifie par son
objet : les mystères* de la vie du Christ dans
l'Évangile* (261-312), et aussi dans l'histoire qui
continue, comme dans la contemplation pour parvenir à l'amour (230-237). Dans la contemplation,
les actes de l'intelligence (voir « Facultés de l'âme »)
sont ramenés à une simple attention de présence

active, dans un effacement progressif du discours. Il s'agit, dans cet exercice, de fréquenter le Christ par une approche concrète et humble, en accueillant les éléments sensibles dont sont empreints les récits évangéliques (1 Jn 1, 1-3) : voir les personnes, entendre les paroles, faire attention aux actes (106-108). (Voir « Méditation » et « Considération ».)

DÉSOLATION SPIRITUELLE

(Voir « Consolation ».)

DISCERNEMENT

En espagnol, le mot *discreción*, que nous traduisons par discernement, n'apparaît que deux fois dans le texte des *Exercices* (176 ; 328). Pour saint Ignace, le discernement n'est pas un en-soi, mais est intimement relié à l'expérience proposée, en particulier au sentir, aux affections*. Il s'agit d'un acte vécu dans la foi, par lequel l'exercitant, aidé de celui qui l'accompagne, est amené à distinguer les motions* et les états psychologiques qu'il vit (32). Il apprend ainsi à percevoir leur contenu cognitif et leur charge affective, à détecter leurs causes et leur origine. Saint Ignace invite à reconnaître derrière les motions*, l'action du bon et du mauvais esprit*.

Le discernement spirituel n'est pas la vertu de prudence, avec laquelle on le confond souvent. Il est plutôt à ranger parmi les sept dons de l'Esprit-Saint ; donc non du côté de la disposition ou de la vertu, mais dans l'acte présent.

ÉLECTION

Dans la théologie scolastique, ce terme désigne l'acte pleinement libre par lequel l'homme, ayant tout bien considéré et délibéré, s'engage dans un sens déterminé et limité (par exemple de se marier ou de ne pas se marier). L'étymologie *ex legere*, « cueillir à partir de plusieurs possibilités », explique ce mot. La tradition biblique y ajoute une nuance d'alliance qui agrée à l'affectivité. Élire, ce n'est pas seulement accepter telle solution comme raisonnable ou juste, c'est aussi ressentir et suivre un attrait et adhérer de cœur.

ÉCRITURE(S)

Sans se lancer dans une étude sur les rapports des *Exercices* et de l'exégèse biblique, il est nécessaire, pour la pratique elle-même, de préciser les termes et de cerner comment le livret parle de l'Écriture sainte, ce qu'il en cite, comment enfin il utilise ce qu'il cite.

1) Comment les *Exercices* parlent des Écritures. — Les mots « Écriture(s) » et « Évangile(s) » apparaissent fort peu, quatre fois pour le premier terme (299,2 et 3 ; 303,3 ; 363,4), trois fois pour le second (100 ; 261,2 ; 275,6). Mais, chaque fois, ce qui est désigné, c'est la lettre même du texte, sans la moindre amplification théologique ou spirituelle. Ainsi la Bible figure-t-elle dans les *Exercices* seulement comme référence, mais une référence fondamentale dont on ne peut, médiatement ou immédiatement, se passer. Cette autorité n'a rien de tyrannique et

d'enfermant; il est dit, noir sur blanc, que se rapporter à l'Écriture ne dispense pas d'être intelligent (299,3). C'est donc une lettre qui dégage un sens de par l'activité du croyant qui s'exerce. Trois expressions, « mystère »*, « parole-mot » (« *palabra* » en castillan), « perfection évangélique », explicitent cette activité par laquelle la lettre produit son fruit de vérité actuelle.

2) Ce que les *Exercices** citent des Écritures. — La distinction est très claire, d'une part, entre les Évangiles et le reste, d'autre part, entre les « Mystères* de la vie du Christ notre Seigneur », avec ce qui y renvoie dans les deuxième, troisième et quatrième Semaines, et le reste. A part les citations des quatre Évangélistes et cinq attestations de la résurrection de Jésus fournies par Paul et les Actes, la Bible n'est présente que de façon médiate, à travers la doctrine chrétienne (par exemple : le péché, le monde, l'ennemi de la nature humaine, l'enfer, les anges, etc.). De plus, le texte des Évangiles est quasi absent de tout ce qui n'est pas proprement objet des contemplations*, lesquelles sont la manière adéquate d'aborder Jésus selon les *Exercices**. Une ligne de force se dessine ainsi : plus on est conduit au centre de la doctrine de la foi (Jésus, sa Passion et sa Résurrection), plus la lettre de l'Écriture prend de place. Ainsi, dans la note qui introduit aux Mystères*, des précautions sont prises pour distinguer ce qui est tiré des Évangiles de ce qui n'en provient pas immédiatement (261,2). Le respect de la littéralité vient dès lors au secours de la foi qui se

nourrit de la contemplation* du Verbe incarné. Il y a une conjonction de la lettre et de l'Incarnation.

3) Comment les *Exercices* utilisent les Écritures. Ce qui a été dit jusqu'ici permet de cerner ainsi cette utilisation : le retraitant des *Exercices* se sert des Écritures, dans leur mouvement vers les Évangiles, pour retrouver toute la force de la doctrine chrétienne dans l'actualité de sa vie. L'antique tradition de l'exégèse spirituelle est reprise, mais selon une insistance caractérisée sur l'Incarnation, à la fois celle du Verbe et celle du retraitant. Trois brèves notes feront mieux saisir l'enjeu.

Premièrement, les *Exercices* s'inscrivent en plein dans la façon médiévale d'utiliser la Bible. Non seulement, infime détail, étant antérieurs à Robert Estienne et à sa répartition des chapitres en versets (1555), ils divisent les chapitres selon les sept premières lettres de l'alphabet (de A à G) comme cela se pratiquait depuis 1240, mais surtout ils tirent la plupart des textes cités non pas directement de la *Vulgate*, mais de la *Vita Christi* de Ludolphe le Chartreux, et même de l'édition en castillan de cette œuvre. Certes, des corrections, amenées sans doute par une fréquentation directe de la Bible, seront apportées à ce que livre la *Vita Christi*; celle-ci n'en reste pas moins la mine première d'où tout le matériau biblique aura été puisé.

Mais, deuxièmement, les *Exercices* infléchissent la sagesse biblique traditionnelle qu'ils reçoivent et pour la pratique de l'oraison et pour la fructification de l'oraison en décisions. Un tel infléchissement se lit dans le choix des scènes — Ignace ne cherche pas à être exhaustif comme Ludolphe — et dans leur agencement interne. Ce choix privilégie, pour la pratique de l'oraison, moins le rapport à une doctrine qu'au Christ lui-même ; d'autre part, il met en place des contrastes qui, agitant le retraitant, le conduisent à entrer dans l'expérience du discernement*, par quoi la décision peut déboucher sur une élection* faite avec Dieu.

Troisièmement, ce qui précède permet de situer sommairement la pratique de la Bible selon les *Exercices* et selon l'exégèse moderne. On n'a aucun intérêt à les confondre et l'on se servira d'autant mieux des apports actuels des sciences scripturaires que l'originalité ignatienne aura été mieux perçue. Les *Exercices* ne se préoccupent pas seulement de trouver le sens du texte ; ils tentent d'aider le retraitant à retrouver, grâce aux textes, le sens de sa vie.

ESPRITS

Ce terme, employé au pluriel, désigne dans les *Exercices* les agents bons ou mauvais, dont l'action est à discerner dans nos pensées et dans leur retentissement affectif. Tout ce mélange est nommé par saint Ignace, « agitation » (6). Cette personnification des ressorts psychologiques peut faire question aujourd'hui. Elle a cependant l'avantage de faire passer la recherche spirituelle de la volonté morale de bien faire ou de ne pas mal faire, au souci proprement sapientiel de ne pas être trompé par un autre. Ainsi, la doctrine des esprits amène aussi le retraitant à ne pas rester enfermé sur lui-même et lui fait découvrir qu'il n'est pas la source unique de ce qui l'égare ou de ce qui le sauve.

En se référant ainsi à la doctrine des « esprits », saint Ignace place les *Exercices* dans la tradition des Pères du désert, pour qui la perfection est moins un objet à atteindre qu'un bien en dépôt, que la vigilance à son sujet donne de ne pas se faire voler.

La réflexion suivante d'un psychologue contemporain montre la pertinence encore actuelle de l'antique sagesse. « L'homme n'est pas absent des "tentations", comme s'il n'était que l'écran sur lequel une machine projetait des spectacles immoraux ; tout comme il n'est pas non plus le producteur cynique de ses désirs inavouables. Si les mouvements passionnels lui étaient étrangers, il ne pourrait jamais les transformer de l'intérieur, en les retournant ou en les sublimant. Et, s'ils étaient le fruit de sa machination délibérée, il n'aurait pas à lutter contre eux, à les refouler ou à les convertir en dispositions éthiques » (Antoine Vergotte, *Dette et désir*, Le Seuil, Paris, 1978, p. 121-122).

ÉVANGILE(S)

(Voir « Écriture(s) ».)

ÉTAT

Ce mot est à comprendre selon la distinction donnée au n° 135. A l'époque de saint Ignace, on distinguait les religieux et les non-religieux, distinction qui ne recoupe pas exactement celle qui nous est familière aujourd'hui, entre clercs et laïcs, ceux-ci pouvant être religieux ou non.

Le premier état se définit par l'observation des commandements* de Dieu et des préceptes* de l'Église. Le second, appelé aussi état de perfection, se définit par la pratique des conseils évangéliques. Dans les *Exercices* (135), sans que cette distinction ne soit mise en question, pas plus que la supériorité de la vie religieuse, le retraitant n'est pas poussé à choisir l'état qui est considéré en soi comme le plus parfait. Il est mis, le plus objectivement, en situation de choix devant les différentes vocations possibles dans l'Église, car tout état a été sanctifié par le Christ. Une fois que le choix premier aura été fait pour le Christ et l'Évangile, l'élection* portera donc sur l'état de vie qu'il convient d'adopter ou encore sur la réforme de notre manière de vivre à l'intérieur de tel ou tel état.

EXAMEN

L'examen est le premier exercice cité (1). La présentation de l'examen particulier (24-31) et celle de l'examen général de conscience, qui permet une pratique plus fructueuse des sacrements de réconciliation et de l'eucharistie (32-44), est à replacer dans la discipline pénitentielle en vigueur au temps de saint Ignace. On y trouve les éléments d'une catéchèse élémentaire portant sur les commandements*, sur les péchés*, mortels ou non, sur les préceptes* de l'Église, les cinq sens* et les œuvres* de miséricorde. On retrouvera ces éléments dans l'annotation 18 (18,7) et dans la première manière de prier (238-248).

A cette époque, on se confessait une fois l'an. A la rigueur, trois ou quatre fois. Les confesseurs et les pénitents étaient aidés par des « Manuels de confession » qui fournissaient des directives aux uns et aux autres. Il existait aussi des « Sommes des confesseurs », lourds volumes de morale[1] qui aidaient les confesseurs à porter un jugement sur la gravité des péchés avoués par les pénitents.

Dans les « Manuels de confession », on trouve, pour se préparer à l'aveu de ses fautes, des catalogues de questions formulées à partir des données catéchétiques apprises par cœur : les dix commandements* de Dieu, les péchés* mortels, c'est-à-dire nos péchés capitaux, les œuvres* de miséricorde corporelle et spirituelle, les cinq sens* du corps, les trois facultés* de l'âme, les vertus* théologales et cardinales. Nous retrouvons toutes ces notions dans les *Exercices*. On proposait à l'époque d'examiner sa conscience également sur d'autres points tels que les fruits de l'Esprit Saint, les articles de la foi ou *Credo*, les sacrements, les péchés contre l'Esprit, les Béatitudes, les divers états ou charges, etc.

Dans le but de former la conscience des pénitents,

---

1. Voir Jean Delumeau, *Le Péché et la peur*, Fayard, Paris, 1983, p. 211-235, ch. 6 : « La mise au point de l'examen de conscience », et José Calveras : « Los confesionales y los Ejercicios », AHSI, t. XVII, 1946, 51-101.

ces manuels insistaient sur la distinction entre ce qui est péché mortel* et péché véniel. On aidait ainsi le pénitent à reconnaître et à confesser ce qui était péché mortel, c'est-à-dire ce qui prive de la vie de Dieu, mais aussi à ne pas voir de péché mortel là où il n'y en a pas et à ne pas tomber dans le scrupule. Ce même souci se retrouve dans les *Exercices* (345-351).

Ainsi, dans le domaine pénitentiel, qui touche à la fois à la morale et à la pratique des sacrements, Ignace n'invente que la mise en œuvre d'éléments qu'il reçoit de la pastorale de son temps.

EXERCICES

Le mot, transposition latine du terme grec « ascèse », remonte à une tradition millénaire, celle des Pères du désert, des « ascètes », c'est-à-dire des « exercitants » selon l'étymologie grecque *(askein)*. Ceux-ci ont christianisé une pratique immémoriale, présente dans diverses aires religieuses, et qui s'était vulgarisée aux débuts de l'ère chrétienne à travers le stoïcisme. Le thème est néo-testamentaire ; saint Paul parle de la vie chrétienne comme d'une course dans le stade et du chrétien comme d'un athlète (1 Co 9, 24-27).

Après l'essor d'une théologie plus spéculative, ce vocabulaire a repris vie dans le courant de la *devotio moderna* qui a produit, en particulier, des manuels de vie spirituelle appelés « exercitoires ». Ainsi l'*Ejercitatorio de vida espiritual*, de l'abbé de Montserrat García Jiménez de Cisneros, qu'Ignace a certainement utilisé lors de sa confession générale dans l'abbaye catalane.

La définition que saint Ignace donne de ce terme dans les *Exercices* (1), n'est pas abstraite ; elle se dégage d'une comparaison avec des exercices physiques. Compris de la sorte, l'exercice désigne une manière de progresser dans un domaine particulier d'activité ou de savoir, en utilisant consciemment une méthode qui a fait ses preuves. La proposition d'un exercice n'est donc pas celle d'un savoir, mais d'un savoir-faire ou d'un faire ; elle s'inscrit dans une pédagogie active qui permet de passer de la gaucherie à l'aisance, ce qui ne s'obtient que dans une relation entre un maître qui enseigne et un disciple ou un apprenti, qui reçoit l'enseignement.

FACULTÉS DE L'AME

Selon l'anthropologie classique, qui dépend de la tradition patristique, les trois facultés de l'âme sont des principes d'opération. Faculté dit capacité de faire. Elles correspondent aux trois niveaux constitutifs de l'homme, animal raisonnable et image de Dieu. Ce sont la mémoire, l'intelligence et la volonté. La présentation du premier exercice de la première Semaine, surtout en son premier point (50, 1-2), montre comment Ignace se réfère aux trois facultés et le rôle qu'il leur attribue.

La *mémoire* est la faculté que le retraitant met en œuvre lorsqu'il laisse remonter en lui-même ce qui lui a été présenté comme matière pour sa méditation* ou sa contemplation*. L'ayant retrouvé, il lui porte toute son attention (50, 4-5).

L'*intelligence* permet à l'exercitant de parcourir le sujet, en faisant surtout des comparaisons entre ce que vivent les personnages contemplés ou considérés et ce qu'il vit lui-même, entre ce qu'ils font et ce qu'il a fait ou veut faire lui-même, etc.

La *volonté* est une faculté affective. Le retraitant se laisse toucher par le thème remémoré et approfondi par lui. C'est donc la capacité d'être affecté et, en retour, de sentir et de répondre par l'amour. En un sens, on pourrait traduire aujourd'hui ce terme par le mot « cœur »; mais la volonté renvoie aussi à la capacité de décider, de vouloir, ne serait-ce que de prendre la décision d'appliquer la mémoire ou de faire travailler l'intelligence : « Voulant me rappeler et comprendre tout cela pour éprouver davantage de honte et de confusion » (50,2). Il y a donc dans la volonté un aspect passif et un aspect actif, tous deux étroitement liés. L'aspect actif étant au service de l'aspect passif. Ainsi la volonté conduit à la liberté, dont elle mime la complexité; la liberté ignatienne, comme la scolastique et l'augustinienne, étant un mixte de désir et de libre arbitre. (Voir « Affections ».)

HISTOIRE

Dans l'exégèse traditionnelle de la Parole de Dieu, l'« histoire » est le récit littéral fourni par l'Écriture*. Il est porteur de tous les sens spirituels possibles. La deuxième annotation (2) répartit nettement les tâches entre celui qui donne les Exercices et celui qui les reçoit : à l'un de donner fidèlement le récit, aujourd'hui en tenant compte des genres littéraires, à l'autre de se laisser conduire par l'Esprit-Saint dans le mystère qui s'accomplit en lui pendant l'oraison. Cette annotation est confirmée dans la grande série des « Mystères de la vie du Christ notre Seigneur » (261-312) et dans le premier préambule des contemplations, à partir de la deuxième Semaine.

HUMILITÉ

En parlant de « trois sortes d'humilité » (165-167), selon une sorte de hiérarchie dont le dernier stade est un résumé et surtout un dépassement des deux autres, saint Ignace hérite d'une tradition bien établie qui remonte à Cassien, tout en y apportant sa marque propre. Dans les siècles précédents, on en était arrivé à une gradation devenue classique en matière d'humilité : celle à l'égard des supérieurs, des égaux et des inférieurs. Ludolphe le Chartreux († 1370), dont saint Ignace s'est inspiré, distingue ainsi trois sortes d'humilité. Une humilité suffisante : se soumettre à ses supérieurs en vue de Dieu et ne pas se préférer à ses égaux. Une humilité abondante : se soumettre à ses égaux et ne pas se préférer à ses inférieurs. Une humilité parfaite et surabondante : se soumettre même à ses inférieurs et ne se préférer à personne, selon ce que le Christ nous a enseigné dans son baptême.

Plus proche d'Ignace dans le temps, Savonarole († 1498) introduit dans cette graduation des éléments nouveaux : le rapport aux commandements*, préceptes* et conseils et l'imitation du Christ humilié. Selon lui, l'humilité suffisante pour le salut « consiste à obéir aux commandements de Dieu et de ses supérieurs dans les choses qui relèvent de leur autorité, et à se préserver des péchés* mortels ». Mais comme il y a plus de gloire rendue à Dieu et de mérites à dépasser la seule loi naturelle et à suivre non seulement les préceptes mais les conseils, on fera un pas de plus en désirant s'abaisser même devant ses égaux, mieux encore, devant ses inférieurs. Enfin, le degré le plus élevé de l'humilité « paraît consister dans l'accomplissement d'œuvres excellentes faites pour l'amour de Dieu et le salut du prochain et dans le désir d'être méprisé de tous et persécuté, calomnié, et même martyrisé par les méchants. Notre Seigneur nous en a donné l'exemple. Après avoir accompli les œuvres les plus héroïques, il a voulu être bafoué par les Juifs et mourir sur la croix de la mort la plus ignominieuse ».

Ces rapprochements permettent à la fois de ne pas exagérer l'originalité de saint Ignace, et de mieux cerner sa sobriété et sa discrétion par rapport à toute incitation à la générosité héroïque, d'apprécier l'équilibre humain et christologique de ce qu'il propose. Dans les *Exercices*, l'humilité n'est pas à entendre comme une montée mais plutôt comme un enfouissement dans la ligne de l'Incarnation et de la Rédemption. Il ne faut pas oublier que les « trois sortes d'humilité » définissent le climat dans lequel doit s'accomplir l'élection, c'est-à-dire l'engagement du retraitant de tout lui-même dans un choix nécessairement limité.

INDIFFÉRENT

Le substantif « indifférence » n'apparaît pas dans les *Exercices*, mais seulement l'adjectif (23,5 ; 179,2). Il ne s'agit pas d'un état stable, définitif, valant pour lui-même, mais de se rendre soi-même tel que, prenant du recul par rapport à toutes les réalités auxquelles on se sent attaché, on puisse peser les forces contraires avec suffisamment de liberté et se mettre en position de délibération. C'est un exercice de liberté qui consiste à débusquer les attaches et à libérer le désir qui ne peut se satisfaire qu'en Dieu seul et dans l'accomplissement de sa volonté (5).

MÉDITATION

Dans la méditation, le retraitant s'exerce sur ce qui, dans la doctrine de la foi, n'est pas directement l'Évangile*. De ce fait la méditation comporte un aspect plus méthodique, en quelque sorte propédeutique. L'exercitant a à se retrouver lui-même, dans ses trois facultés* proprement humaines, en Dieu et avec Dieu, avant de vivre sa rencontre avec le Christ. Pour ce qui regarde la pratique de l'oraison, tel est l'enseignement de la première Semaine. (Voir « Contemplation ».)

MOTION SPIRITUELLE

Tout événement psychologique devient une motion, dès que sont repérés, d'une part, ce à quoi cet événement aboutit dans l'affectivité, — plaisir ou souffrance —, d'autre part, la cause d'où provient ce « mouvement » du contenu à la réaction sentie (« motion » : du latin *movere*). La motion exerce une action « motrice » sur l'âme (cf. 175). En toute motion doit être considérée la complexité que voici :

1) le contenu (telle pensée, telle image, tel désir, telle peur, telle micro-décision non vraiment réfléchie, etc.) ;

2) la réaction de joie ou de peine ;

3) l'origine de tout le processus : ce peut être moi, les esprits bons ou mauvais, Dieu (cf. 32, 329 et 330).

Les motions ne sont pas dites spirituelles (6,1 ; 227,3) en vertu de leur seul contenu, en ce sens que celui-ci devrait être religieux pour que les motions soient spirituelles. Cette qualité leur vient de ce qu'une libération, dans l'Esprit Saint, s'accomplit au cœur même de leur enchevêtrement dans la conscience claire et obscure. Dans l'environnement de prière et de présence à soi-même que favorisent les *Exercices*, il devient possible de faire l'épreuve fondatrice de ceci : Dieu et les bons esprits sont toujours à l'origine de ce qui aboutit au bonheur limité et plénier de la consolation* ; l'ennemi contrecarre constamment, fût-ce par de fausses consolations, ce dessein, mais ne conduit jamais qu'à la désolation (316-317).

Avec affection*, consolation*, désolation*, esprits*, le mot motion est capital pour comprendre ce qu'est, pour Ignace de Loyola, le discernement*. Apprendre à connaître les motions, puis à les interpréter est une part importante du progrès spirituel propre aux Exercices. Celui qui donne les Exercices doit donc veiller avec soin à cet apprentissage.

MYSTÈRES

La répartition de la vie du Christ en scènes appelées « mystères » est destinée à faciliter la prière. Elle remonte à la piété médiévale telle que Ludolphe le Chartreux l'exprime, par exemple, dans sa *Vita Iesu Christi e quatuor Evangeliis et scriptoribus orthodoxis concionnata*. Le chemin de l'homme vers Dieu passe par l'humanité du Christ, le Verbe fait chair, contemplé dans sa vie d'homme, porteuse de révélation et de salut. Dans l'Esprit Saint, l'événement passé de la vie du Christ devient un aujourd'hui pour le retraitant.

ŒUVRES DE MISÉRICORDE

Les œuvres de miséricorde ou, pour mieux dire, de « la miséricorde » qui s'enracine en Dieu même, sont considérées comme des éléments constitutifs de la perfection chrétienne. Ainsi saint Léon : « Cette vertu (s.e. la miséricorde) rend utile toutes les autres ; sa présence vivifie même la foi dont vit le juste et qui, sans les œuvres, est dite morte : car s'il est vrai que les œuvres ont la foi pour motif, la foi reçoit d'elle sa force[1]. »

La liste des œuvres de miséricorde a été inspirée par la parabole du jugement dernier en saint Matthieu (Mt 25, 31-45), où sont évoqués les actes par lesquels les hommes seront jugés : procurer le manger à ceux qui ont faim et le boire à ceux qui ont soif, le vêtement à ceux qui sont nus, soigner les malades, donner l'hospitalité, visiter les prisonniers et racheter les captifs. A cette liste de six œuvres s'en est ajoutée une septième, inspirée de Tobie : ensevelir les morts (Tb 12, 13). Telles sont les sept œuvres de miséricorde temporelle.

Il y a aussi, en symétrie, sept œuvres de miséricorde spirituelle qui sont comme des aumônes qui répondent aux misères spirituelles : prier pour les vivants et les morts, instruire de la vérité les ignorants, conseiller ceux qui en ont besoin, consoler les affligés, exercer la correction fraternelle, pardonner les offenses et supporter les défauts d'autrui.

A la suite de saint Augustin et sous son influence, la présentation des œuvres de miséricorde, en deux séries, temporelles et spirituelles, est devenue classique dans l'Église.

PÉCHÉS MORTELS

Ce terme désigne ce que nous appelons les péchés capitaux, c'est-à-dire ceux qui sont la source des

---

1. *Sermon V sur les collectes*, Sources chrétiennes, n° 49, p. 23.

péchés. *Le Catéchisme à l'usage des diocèses de France*, en 1940, s'exprimait ainsi : « On appelle vice une mauvaise inclination qui nous porte à commettre un péché [...]. Il y a des vices principaux qui sont comme la source de tous nos péchés : on les appelle les péchés capitaux [...]. Il y a sept péchés capitaux : l'orgueil, l'avarice, la luxure, l'envie, la gourmandise, la colère et la paresse » (*ibid.* nos 386, 387 et 388).

Un auteur du IVe siècle, Evagre le Pontique (345-399), qui est à l'origine de la doctrine des péchés capitaux, les appelle « pensées génériques », c'est-à-dire qui engendrent les péchés. Il en compte huit, selon cet ordre : la gourmandise, la fornication, l'avarice, la tristesse, la colère, l'acédie, la vaine gloire et l'orgueil. Au ve siècle, Jean Cassien reprend cette doctrine au livre V de ses *Conférences* et dans les *Institutions cénobitiques* dont les livres V à XII sont en fait un traité des « huit pensées ». Cassien y transpose en latin les termes grecs d'Evagre. Cette doctrine s'est développée par la suite en Occident, non sans modifications dans la liste qui apparaît définitivement fixée à partir du XIIIe siècle, telle que nous la connaissons.

Au cours de l'histoire, une confusion s'est produite entre les péchés capitaux et les péchés mortels (homicide, adultère et apostasie), que l'Église ancienne distinguait nettement. Les *Exercices* sont marqués par cette confusion, tout comme les « Manuels de confession » de l'époque. On n'y parle pas de péchés capitaux mais toujours de péchés mortels, alors que de céder à ces péchés, c'est-à-dire à ces mauvaises inclinations, n'équivaut pas forcément à commettre un péché mortel. Il faut tenir compte de cette manière de parler si l'on veut bien entendre certains passages des *Exercices* : « mesurer le poids des péchés en considérant la laideur et la malice que contient en soi chaque péché mortel commis, même s'il n'était pas défendu » (57), ou bien « les fautes commises relevant des péchés mortels » (245).

Les péchés commis en pensées, en paroles ou en action renvoient en fait, qu'ils soient mortels ou véniels, à une source porteuse de mort. Ignace indique clairement (33,1) que ces péchés ou pensées-sources sont à ranger parmi ce qui vient du dehors. L'homme n'est pas la source de son mal capital. (Voir « Examen ».)

PRÉCEPTES DE L'ÉGLISE

Les préceptes de l'Église, n'ayant pas fait l'objet de décrets aisément repérables, n'étaient pas cités comme tels dans les « Manuels de confession ». Ils étaient mentionnés à propos du troisième commandement* de Dieu qui concerne le respect dû au jour du Seigneur.

L'expression désigne quelques-unes des obligations ecclésiastiques reconnues valables universellement, en dépendance du Décalogue.

A l'époque d'Ignace et jusqu'à Vatican II, ces préceptes recouvrent ce que l'on nomme aussi commandements de l'Église. Il s'agit de la messe, du repos dominical et des jours de fête, de la confession annuelle, de la communion pascale, de l'abstinence de viande le vendredi, du jeûne de carême, etc.

Dans les *Exercices* il est fait mention des préceptes de l'Église sans qu'ils soient détaillés (42,2 ; etc.). Cependant dans le texte des *Exercices* laissé par Pierre Favre aux Chartreux de Cologne (*Textus coloniensis*, 1538), on trouve une énumération de ces préceptes[1] : « A propos de l'action, trois choses sont à examiner. Premièrement les préceptes du Décalogue ; deuxièmement, les préceptes de l'Église : si nous avons célébré les jours de fête, si nous avons entendu la messe les dimanches et jours de fête, si nous avons observé les jeûnes de l'Église, si nous nous sommes confessés à la fête de Pâques, si en ce même temps, nous avons communié annuellement, ... ». (Voir « Examen ».)

RÉPÉTITION

Faire une répétition est à comprendre, selon l'étymologie du verbe latin *repetere* (c'est-à-dire « regagner un lieu », « redemander »), comme une manière de revenir sur tel ou tel point déjà médité ou contemplé, pour y trouver plus encore. Cela n'a rien à voir avec une reprise d'ensemble de ce qui a déjà été médité ou ressenti (62,2 ; 118,3).

---

1. Cf. n° 10 de ce texte, qui correspond à notre n° 42,2.

Vocabulaire

SENS DU CORPS

Cette expression n'apparaît que dans les « manières de prier », pour désigner la vue, l'ouïe, l'odorat, le goût et le toucher (238 ; 247). Dans la méditation de l'enfer (65-70) et la présentation de l'application des sens (121-125), la vue est seule à être reliée à l'imagination ; les autres sens sont pris en eux-mêmes. Il n'est jamais question de sens spirituels. Cette manière de donner, dans la vie spirituelle, toute sa place à la dimension corporelle de la personne est à mettre, avec la prise en compte de l'affectivité, à l'actif du réalisme ignatien. (Voir les n°s 75 et 76 ainsi que la troisième manière de prier sur le rythme de la respiration [258-260].)

VERTUS

Selon la meilleure tradition philosophique et scolastique, la vertu n'est jamais à entendre dans la ligne d'une conformité à une loi, fût-ce le Décalogue. Elle est une force intérieure de raison qui donne de prendre plaisir au bien, ce sont alors les vertus cardinales, et à Dieu même qui se révèle, ce sont alors les vertus théologales. Rappelons que les quatre vertus cardinales, ainsi appelées parce qu'elles sont à la source de toutes les autres vertus morales (courage, honnêteté, loyauté, travail, patience, persévérance, etc.), sont la prudence, la justice, la force et la tempérance. Les vertus théologales sont la foi, l'espérance et la charité.

Index

INDEX ESPAGNOL

Cet Index comporte 405 mots espagnols, choisis en raison de l'intérêt qu'ils présentent pour l'interprétation du texte de l'*Autographe*. Ils sont suivis de la traduction ou des diverses traductions adoptées. Pour trouver la liste complète des occurrences de chacun de ces mots, il suffira de se rapporter à l'Index français. Un astérisque indique quel est, dans l'Index français, le mot répertorié, lorsque celui-ci fait partie d'une expression.

Les mots latins qui figurent dans cet Index ont été mis entre guillemets. Nous avons adopté l'orthographe moderne pour les mots espagnols. Le sigle ° indique que le mot fait l'objet d'un article dans le Vocabulaire.

A

aborrecer : haïr ; avoir en horreur

aborrecimiento : horreur

abrasar : embraser

abrazar : embrasser ; envelopper

abstenerse : abstenir (s')

abstinencia : abstinence

acatamiento : respect

acatar (honor) : rendre *honneur

actual : effectif ; réel

actualmente : effectivement

adorar : adorer

adversario : adversaire

afección : affection°

afectado : *porté à

afectar : mouvoir les *sentiments

afectarse : attacher (s') à; mettre son *cœur à; se porter à; souhaiter; être *touché

afecto : cœur; émotion; inclination

afecto (en) : affectivement

afectos : sentiments

aficionado : ayant/sentant de l'*affection

afrentas : affronts

agitaciones : agitations

agitado : agité

agonía : agonie

alabanza : louange

alabar : louer

albedrío (libre) : *libre arbitre

alcanzar : obtenir; parvenir à

alegrar : éprouver de l'*allégresse

alegre : gai

alegría : allégresse

allegar (pour llegar) : approcher; s'unir

amar : aimer

amigo : ami

amor : amour

ángel : ange

« angelus » (« lucis ») : ange

ánimo : cœur; courage; esprit

apóstoles : apôtres

aprovechar : il y a *profit à; il est profitable; profiter; progresser; être *utile

arbitrio (líbero) : *libre arbitre

asperezas : austérités

astucias : ruses

atormentado : souffrant

auxilio : secours

avergonzado : honteux

ayuda : aide

ayudar : aider; permettre

ayudarse : trouver de l'*aide; prendre les *moyens; se servir de

ayunar : jeûner

ayuno : jeûne

B

bandera : étendard

binario : homme

blasfemia : blasphème

blasfemiar : blasphémer

bondad : bonté

buscar : chercher

C

caridad : charité

carnal : charnel

carne : chair

casamiento : mariage

casarse : marier (se)

castidad : chasteté

claramente : clairement

claridad : lumière

claro : clair

coloquio : colloque°

compás : rythme

composición : composition°

comulgar : donner la *communion

comunicación : communication

comunicar : communiquer ; exprimer (s') ; *faire part de

comunión : communion

concepto : idée

conciencia : conscience

confesar : confesser

confesión : confession

confesor : confesseur

confirmar : confirmer

confundir : confondre

confusión : confusion

conocer : connaître ; reconnaître

conocimiento : connaissance

consideración : considération ; considérer

considerar : faire une *considération° ; considérer

consolación : consolation°

consolar : consoler

contemplación : contemplation°

contemplar : contempler

contrario : contraire ; par *contre ; inverse ; opposé

contrición : contrition

corazón : cœur

corporal : corporel ; du corps ; physique

corpóreo : corporel ; matériel

creación : création ; créature

crecido : grand ; immense ; profond

criador : créateur

criar : créer

criatura : créature

cruz : croix

cuerpo : corps

culpa : faute

culparse : accuser (s')

D

defecto : défaut

delectación : jouissance ; plaisir

deliberación : choix

deliberar : décider; prendre une *décision

deliberado : délibéré

demonios : démons

desear : désirer

deseo : désir

deshonor : deshonneur

desolación : désolation°

desolado : désolé

desorden : désordre

desordenadamente : de façon *désordonnée

desordenado : désordonné

determinación : décision

determinar : décider; fixer

devoción : dévotion

devota : fidèle

discernir : discerner

discípulos : disciples

discreción : discernement°

discurrir : parcourir; *passer en revue; réfléchir; repasser

discurso : déroulement; parcourir; raisonnement

disponer : disposer

disposición : capacités; dispositif; disposition; disposer; forces

divinidad : divinité

dolerse : affliger (s')

dolor : douleur

doloroso : douloureux

don : don; présent

E

elección : élection°

elegir : choisir

encarnación : Incarnation

encarnar : incarner

enemigo : ennemi (l')

enemigos : ennemis (les)

engaño : tromperie

enmendar : amender

enmienda : amendement

entender : comprendre; entendre; réfléchir

entendimiento : esprit; intelligence

entrar : entrer; monter; pénétrer

entristecerse : attrister (s')

envergonzarse : éprouver de la *honte

errar : tromper (se)

erróneo : erroné

error : erreur

esclarecer : éclairer

escoger : choisir

escrúpulo : scrupule

esperanza : espérance

espíritu : esprit°

Espíritu Santo : Esprit Saint

esposa : épouse

esposo : époux

estado : état° ; *train de maison

eucaristía : eucharistie

examen : examen°

examinar : examiner ; interroger

experiencia : expérience

F

falacias : sophismes

falta : faute ; manque

fe : foi

fin : fin

fruto : fruit

fundamento : fondement

G

gloria : gloire

glorificar : glorifier

glorioso : glorieux

gozarse : réjouir (se)

gozo : joie

gozoso : joyeux

gracia : grâce

gracias (dar —; hacer —) : remercier

gustar : goûter

gusto : goût

H

hacer contra : *agir contre

historia : histoire°

honor : honneur

honra : honneur

humildad : humilité°

humilde : humble

humiliación : génuflexion

humiliarse : faire une *génuflexion ; humilier (s')

I

idolatría : idolâtrie

iglesia : église

ilucidar : éclairer

iluminación : illumination

iluminar : illuminer

iluminativa : illuminative (la vie —)

imaginación : imagination

imaginar : imaginer

imaginativa : imagination (de l' —)

imitar : imiter

inclinar : inclination

inclinarse : incliner (s')

indiferente : indifférent°

inducir : entraîner ; susciter

infierno : enfer

ingenio : intelligence

ingenioso : intelligent

injurias : outrages

inquietar : inquiéter

inquietud : absence de *paix ; agitation

inspiraciones : inspirations

inteligencia : intelligence ; pensée

intención : but ; intention

intensamente : intensément

intensión : ferveur ; intensité

intenso : intense

interior : intérieur

interiormente : intérieurement

internamente : intérieurement

interno : intérieur

J

juicio : jugement

justicia : justice

juzgar : juger

L

laborar : œuvrer

« *laborare* » : œuvrer

lágrimas : larmes

lanzar : chasser ; rejeter ; *verser des larmes

laudar : louer

leticia : allégresse

liberal : généreux

liberalidad : générosité

liberamente : librement

libertad : liberté

librar : délivrer

libremente : librement

limosna : aumône

Lucifer : Lucifer

LL

llamamiento : appel

llamar : appeler

llegar : approcher ; arriver ; mêler (se) ; survenir ; unir (s')

llorar : pleurer

M

madre : mère

majestad : majesté

maldad : méchanceté

malicia : *action mauvaise; malice; perversité

mandamiento : commandement°; ordre

mandar : ordonner

materia : matière; sujet

« materia subiecta » : ce qu'on se *propose

matrimonio : mariage

medio (subst.) : entre; juste *mesure; (juste) milieu; modération; moyen; régler (se)

meditación : méditation

meditar : méditer

memorar : rappeler (se)

memoria : mémoire

menosprecio : mépris

merecer : mériter

mérito : mérite

meritoriamente : méritoirement

meritorio : méritoire

mirar : considérer; examiner; imaginer; observer; regarder; *tenir compte; veiller à; voir

mira que... : voici que...

misa : messe

« misericordia » : miséricorde°

misericors : miséricordieux

misterio : mystère°

moción : motion°

morir : mourir

mover : exciter; inciter; mouvoir; pousser

moverse : réagir

mudanza : changement

mudar : changer; modifier

mudarse : faire des *changements; faire des *modifications; quitter

muerte : mort

mujer : femme

mundano : mondain

mundo : monde; univers

N

natura : nature

natural : naturel

noticia : connaissance; savoir

O

obedecer : obéir

obediencia : obéissance

obediente : obéissant

oblación : offrande

obra : acte; action; œuvre°

obrar : agir; œuvre; la *pratique du bien; réaliser

ofender : offenser

ofrecer : offrir ; présenter (se)

omnipotencia : toute-puissance

opósito (subst.) : opposé (l')

oprobio : opprobre

oración : oraison ; prier ; prière

orar : prier

orden : manière de faire ; ordre

ordenación : dessein

ordenadamente : de façon *ordonnée.

ordenar : ordonner ; fixer

P

paciencia : patience

pacificar : pacifier

padecer : endurer ; souffrance ; souffrir

pasión : Passion (la)

paz : paix

pecado : péché°

pecador : pécheur

pecar : pécher

pena : peine

penar : souffrir

pensamiento : pensée

pensar : à la *pensée que ; penser

perdón : pardon

perdonar : pardonner

perfección : perfection

perfeccionar : perfectionner

perfecta : parfaite

perfectos (subst.) : parfaits (les)

piedad : compassion

placer : plaisir ; bonheur

pobre : pauvre

pobrecito : petit *pauvre

pobreza : pauvreté

potencia : faculté° ; puissance

potestad : pouvoir

precepto : commandement° ; précepte°

preferir : préférer

proponer : envisager ; faire le *propos de ; proposer ; représenter (se)

propósito (subst.) : intention ; projet ; propos ; résolution

provecho : avantage ; profit ; être *profitable à ; progrès

purgar : purifier

purgativa : purgative (la vie —)

Q

quebrantar : accabler ; transgresser

Index espagnol

quebranto : accablement

quebrar : briser

querer (subst.) : vouloir (le —)

querer (verbe) : demander ; désirer ; souhaiter ; vouloir

quietar : apaiser

quietud : quiétude ; repos

quitar : écarter ; enlever ; ôter ; retrancher ; supprimer

quitarse : dégager (se)

R

raciocinación : réflexion

raciocinar : réfléchir

racional : de la *raison

razón : équité ; raison

razonar : parler

redención : rédemption

redentor (subst.) : Rédempteur

reflectir : réfléchir

reformar : réformer

religión : religion ; vie *religieuse

religioso (subst.) : religieux

repetición : distribution (des heures) ; répétition°

repetir : répéter

resistir : résister

resumir : repasser ; reprendre

resurrección : résurrection

resuscitar : ressusciter

reverencia : révérence ; *hacer* — : rendre révérence ; révérer

riqueza : richesse

S

sacerdocio : sacerdoce

sacerdote : prêtre

sacramento : sacrement

sacrificio : sacrifice

salud : *bien spirituel ; salut ; santé

salvación : salut

salvador : Sauveur

salvar : salut ! sauver

salvo : sauvé

sapiencia : sagesse

sensible : sensible

sensual : des sens

sensualidad : des sens

sentido : sens°

sentimiento : regret ; satisfaction sensible ; sentiment ; sentir

sentir : apercevoir (s') ; percevoir ; ressentir ; sentir

servicio : service

servir : servir

soberbia : orgueil

suasiones : insinuations

subiecto (subst.) : aptitudes;
  constitution
sutilezas : sophismes

T

temer : craindre
temor : crainte; peur
temperancia : tempérance
tentación : tentation
tentador : tentateur
tentar : tenter
tormento : souffrance
trabajar : peiner; travailler
trabajo : peine
trabajos : épreuves; peine
tranquilamente : tranquillement
tranquilidad : tranquilité
tranquilo : tranquille
tristar : attrister (s')
triste : triste
tristeza : tristesse
turbación : trouble
turbar : troubler

U

universal : universel
universo (mundo) : univers

V

vano : frivole; insensé; léger;
  vain
vencer : vaincre
verdad : vérité
verdaderamente : vraiment
verdadero : véritable
vergüenza : honte
vero : véritable
vida : vie
virginidad : virginité
virtud : grâce; vertu°
vituperar : blâmer
vituperio : opprobre
vocación : vocation
voluntad : volonté
votos : vœux

INDEX FRANÇAIS

Chaque mot français est suivi du ou des mots espagnols qu'il traduit.

Les mots espagnols sont suivis d'une référence qui renvoie au texte de l'*Autographe*. Lorsque le même mot espagnol revient plusieurs fois dans un verset, l'ordre des occurrences est indiqué par un exposant alphabétique. La référence a été mise entre parenthèses lorsque, dans le texte espagnol, le mot est sous-entendu [par exemple *coloquio* (63,5) etc.].

Lorsqu'un même mot espagnol a été traduit ailleurs par un autre mot français, celui-ci est indiqué entre parenthèses et précédé par le sigle « cf. ». Quand ce mot français fait partie d'une expression, il est précédé d'un astérisque (par exemple « absence de *paix »).

Les mots latins sont placés entre guillemets (par exemple « angelus »). Le sigle ° signifie que le mot considéré figure dans le Vocabulaire qui précède les Index. Le sigle = indique que le mot est à prendre « dans le sens de », dans les passages auxquels renvoient les références qui suivent la parenthèse (voir par exemple le mot « appeler »).

A

Index français

169,3 177,2 229,4 345,5 370,2 (cf. permettre)

AIMER : *amar* 104 231,1ᵃ 231,1ᵇ 233 273,4 278,2 278,4ᵃ 278,4ᵇ 281,2 282,4 284,1 284,4 316,2 338,3 363;1

ALLÉGRESSE : *alegría* 78,1ᵃ 78,1ᵇ 229,2 229,3 329,1ᵃ 329,1ᵇ
         leticia 316,4

éprouver de l'— : *alegrarse* 221 229,2

AMENDEMENT : *enmienda* 28,2 43,7 61

AMENDER : *enmendar* 24,2 25,1 25,2 25,5 29 30 63,3 77,2 189,1 189,4 240,2 243,1

AMI : *amigo* 20,2 20,6 54,1 146,1 224 295,2 338,1

AMOUR : *amor* 15,4 22,3 65,4 89,3 97,2 150,1 184,2ᵃ 184,2ᵇ 184,3 189,10 230,1 230,2 231,1 234,5 289,5 316,1 316,3 317,3 320,3 322,3 330,1 338,2ᵃ 338,2ᵇ 338,3 370,1 370,3

ANGE : *ángel* 50,1 50,3 50,4 58,2 60,2 102,3 106,4 107,3 108,3ᵃ 108,3ᵇ 232 262,2 262,3 262,4 262,5 265,2 266,3 269,2 270,2 274,4 312,4 329,1 331,1 331,2 331,3 332,1 333,1 335,1 335,4
         ángelo 300,3
         « *sub angelo* » 332,1

APAISER : *quietar* 316,4 350,3

APERCEVOIR (s') : *sentir* 6,1 10,1 27,3 (cf. percevoir; ressentir; sentir)

APÔTRE : *apóstol* 145 214,1 275,1 275,6 275,7 281,1 287,3 289,2 302,4 312,2

APPEL : *llamamiento* 91,1 91,4 141,1 275,1
        vocación 95,2 (cf. vocation)

APPELER : *llamar* (= nommer) 1,4 266,3 316,1 316,4ᵃ 317,1 346,1; (= adresser un appel) 95,3 137,2 275,2 275,5 275,6 275,8 281,2 343,1; (= attirer vers) 316,4ᵇ

APPROCHER : *allegar* 357,2 (cf. s'unir)
         llegar 274,3 301,3 (cf. arriver; se mêler; survenir; s'unir)

APTITUDES : *subiecto* 15,2 (cf. constitution)

ARRIVER : *llegar* 18,4 189,6 (cf. approcher; se mêler; survenir; s'unir)

ATTACHER (s') : *afectarse* 164,1 (cf. mettre son *cœur à; se *porter à; souhaiter; être touché)

ATTRISTER (s') : *entristecer* 206,3
                tristar 195,2 315,2

AUMÔNE : *limosna* 337 338,2 342,1

AUSTÉRITÉS : *asperezas* 85

AVANTAGE : *provecho* 16,3 20,5 44,2 (cf. profit; être *profitable à; progrès)

B

BIEN (spirituel) : *salud* 16,3 316,4 367,3 (cf. salut; santé)

BLÂMER : *vituperar* 94,2

BLASPHÈME : *blasfemia* 67

BLASPHÉMER : *blasfemiar* 107,1 292,5 297,6

BONHEUR : *placer* 187,2 (cf. plaisir)

BONTÉ : *bondad* 20,10 52,3 59,2 98,1 151 157,3 237,1 364,2

BRISER : *quebrar* 297,5

BUT : *intención* 40,1 40,2 135,5 (cf. intention)

C

CAPACITÉ : *disposición* 18,1 213,3 (cf. disposer; dispositif; disposition; forces)

CHAIR : *carne* 85[a] 85[b] 86,1 157,2 172,4 173,1

Index français

CHANGEMENT : *mudanza* 89,1 89,5 318,1
  faire des — : *mudarse* 89,2 133,1 319,1 (cf. faire des
  *modifications; quitter)

CHANGER : *mudar* 16,5 119 244,3 247,2 319,1 (cf. modifier)

CHARITÉ : *caridad* 306,4 316,4 368,2

CHARNEL : *carnal* 97,2

CHASSER : *lanzar* 50,5 51,5 (cf. rejeter; *verser des larmes)

CHASTETÉ : *castidad* 14,3 357,1

CHERCHER : *buscar* 1,4 4,5 4,8 11,2 15,3 16,3 20,8 22,4 76,1
  87,3 189,9 291,3 300,3 361

CHOISIR : *eligir* 15,2 23,7 92 98,4 135,6 146,3 147,2 152 157,2
  167,2 168,2 169,3 169,4 172,1 177,2 180,2 184,2 184,3[a] 184,3[b]
  185,1 189,6
       escoger 145

CHOIX : *deliberación* 182,2 183,1

CLAIR : *claro* 333,4

CLAIREMENT : *claramente* 320,2

CŒUR : *afecto* 234,2
       ánimo 5,1 7,2 (cf. courage; esprit)
       corazón 278,2 303,3
  mettre son — à : *afectarse* 97,1 234,3 (cf. s'attacher; se porter à; souhaiter; être *touché)

COLLOQUE° : *coloquio* comment faire le — : 54,1 199,1; — en
  général : 117 118,3 126 157,2 164,3 204,1 225 237,2 244,4
  246,2; — à Dieu notre Seigneur : 61 243,2; — à la T.S.
  Trinité, au Verbe, à Notre-Dame : 109,1; — au Christ :
  53,1 71,1 198 199,4[a]; triple — : 62,3 63,1 (63,5) (63,6) 64,2
  147,1 (147,4) (147,5) 148,2 156 159,3 168,1 199,4[b]
  N.B. Le mot figure dans un titre en 55,1 62,1 65,1 101,1
  190,1

COMMANDEMENT° : *mandamiento* 18,5 18,7 42,2 71,1 135,2 165,2

238,2 240,1 241,1 241,2 242,1 242,2 243,1 244,3 246,2 365,3 (cf. ordre)

precepto 278,4 (cf. précepte)

COMMUNICATION : *comunicación* 231,1

COMMUNION : *comunión* 44,1 303,4
donner la — : *comulgar* 303,4

COMMUNIQUER : *comunicar* 15,3 231,1 (cf. s'exprimer; *faire part de)

COMPASSION : *piedad* 71,4 237,1

COMPOSITION° : *composición* 47,1 47,3 47,5 55,3 65,3 91,3 103,1 112,1 138,1 151,1 192,2 200 232

COMPRENDRE : *entender* 3,3 9,4 22,3ᵃ 22,3ᵇ 22,4 50,2 235,1 235,2 345 (cf. entendre)

CONFESSER : *confesar* 18,9 18,10 19,3 32,1 42,3 44,2 268,4 354

CONFESSEUR : *confesor* 326,5

CONFESSION : *confesión* 18,6 44,1 44,2 44,3 44,9

CONFIRMER : *confirmar* 183,2 262,4

CONFONDRE : *confundir* 50,2 74,2

CONFUSION : *confusión* 48,4 74,1 193

CONNAISSANCE : *conocimiento* 44,6 63,2 63,4 104 118,3 139,1 139,2 176 233 322,3 330,2

noticia 170,1 213,2 275,2 (cf. savoir)

CONNAÎTRE : *conocer* 8,2 14,2 43,3 44,5 89,5 130,2 185,1 240,1 245 326,5 334,4 339,1 (cf. reconnaître)

CONSCIENCE : *conciencia* 1,2 18,10 32,1 69 314,3

CONSIDÉRATION° : *consideración* 4,2 78,1 95,3 127,2ᵃ 127,2ᵇ 215,1 252,2ᵃ 252,2ᵇ (cf. considérer)
faire une — : *considerar* 344,4 (cf. considérer)

CONSIDÉRER : *consideración* 214,2 242,2 (cf. considération)
considerar 38,4 39,6 47,5 59,1 75,2 94,1 95,2 96

106,3 112,1 116,1 135,2 141,1 142,1 144 145,1 146,1 164,1
164,2 177,1 181,1 181,2 185,1 186 187,1 189,6 192,1 195,1
196 197,1 202,1 208,10 208,11 214,1 223 234,3 236,1 239,1
241,1 248,1 248,2 275,7 289,3 320,1 340,1 (cf. faire une
**considération)

        mirar 14,5 57,1 58,1 58,3 58,4 58,5 187,1 341,1
(cf. examiner; imaginer; observer; regarder; **tenir compte
de; veiller à; voir)

CONSOLATION° : *consolación* 6,1 6,3 7,2 8,1 13,1 62,2 89,1 118,3
176 213,2 252,2 254,1 315,3 316,1ᵃ 316,1ᵇ 316,4 317,4ᵃ
317,4ᵇ 318,1 318,2 322,1 322,2 322,3 322,4 323 324,1 329,2
330,2 336,2ᵃ 336,2ᵇ 336,3

CONSOLER : *consolar* 14,1 199,2 224ᵃ 224ᵇ 321,2 324,1 331,1

CONSTITUTION : *subiecto* 14,5 18,8 83,2 84,2 89,3 (cf. aptitudes)

CONTEMPLATION° : *contemplación* la — en général : 2,1 12,1
12,3 13,1 39,6 47,2 48,2 (48,3) 49 76,1 77,1 127,1 129,2 130,2
133,2 162,1 206,2 209,1ᵃ 209,2 215,1 226,1 228,1 228,2 229,2;
une — sur un sujet particulier : 4,2 113 117 132,1 132,2
156 159,1 159,2 163 204,1ᵃ 204,1ᵇ 204,2ᵃ 204,2ᵇ 208,9 209,1ᵇ
226,3

N.B. Le mot figure dans un titre en 101,1 110,1 118,1 120
121,1 126 158 161,1 190,1 200,1 208,1 218,1 230,1

CONTEMPLER : *contemplar* 1,2 2,1 2,2 39,6 47,2 47,3ᵃ 47,3ᵇ 64,2
74,1 75,1 91,1 102,1 114,2 115 122 124,1 130,3 130,5 135,4
162,3 195,1 199,2 208,4 228,1 249 254 255,2 261,3

CONTRAIRE : *contrario* 15,1 16,4ᵇ 59,1 245ᵃ 245ᵇ 317,1 326,3
331,1 331,3 (cf. par **contre; à l'inverse; opposé)

CONTRE (par) : *contrario (por el —)* 209,4 (cf. contraire; à l'inverse; opposé)

CONTRITION : *contrición* 4,5 87,3

CORPOREL : *corporal* 1,3 (cf. du corps; physique)
        corpóreo 58,4 (cf. matériel)

CORPS : *corporal* 213,3[b] 214,2 215,2 238,2 247,1 247,2 (cf. corporel; physique)
  cuerpo 38,3 40,2 47,5 47,6 66 89,4 191,2 208,10 219,2 281,2 298,3 302,3 311,4

COURAGE : *ánimo* 12,2 315,3 325,2 325,3 325,4 325,6 (cf. cœur; esprit)

CRAINDRE : *temer* 39,8 279,3 280,4 301,4

CRAINTE : *temor* 9,2 20,4 65,5 301,2 370,1 370,2[a] 370,2[b] 370,3 (cf. peur)

CRÉATEUR : *criador* 5,1 15,3 15,6[a] 15,6[b] 16,1 20,8 20,9 38,2 38,4 39,1 39,2 39,3 39,4[a] 39,4[b] 39,8 50,4 52,2 53,1 184,3 229,4 316,1 316,2 316,4 317,3 324,2 330,1 351,2

CRÉATION : *creación* 234,1 (cf. créature)

CRÉATURE : *creación* 189,5 (cf. création)
  criatura 15,6[a] 15,6[b] 16,1 38,2 39,1 39,2 39,3[a] 39,3[b] 39,4 39,5 39,6 39,7 39,8 60,1 235,1

CRÉER : *criar* 19,2 23,2 23,3[a] 23,3[b] 39,4 50,4 51,3[a] 51,3[b] 58,3 60,5 165,2 166,2 169,1 169,2 179,1 235,2 236,1 316,2

CROIX : *cruz* 53,1 53,3 116,2 208,7[a] 208,7[b] 208,8 219,1 296,1 296,3 297,1 297,3 297,6 298,1 298,2 346,2 347,1

D

DÉCIDER : *deliberar* 165,2 166,2 (cf. prendre une *décision)
  determinar 21 102,2 154,2 344,3 365,1 367,2 (cf. fixer)

DÉCISION : *determinación* 98,2 186,1 318,1[a] 318,1[b]
  prendre une — : *deliberar* 187,1 (cf. décider)

DÉFAUT : *defecto* 24,2 25,1 25,4 26,2 27,1 27,2 41,1 90

DÉGAGER (se) : *quitarse* 23,4

Index français

DÉLIBÉRÉ : *deliberado* 98,2 349,2

DÉLIVRER : *librar* 280,4

DEMANDER : *querer* 54,2 (cf. désirer; souhaiter; vouloir)

DÉMONS : *demonios* 141,1 281,2

DÉROULEMENT : *discurso* 19,8 333,1 333,2 334,2 (cf. parcourir; raisonnement)

DÉSHONNEUR : *deshonor* 23,6 166,1

DÉSIR : *deseo* 16,5 146,4 155,3 174,2

DÉSIRER : *desear* 16,6 20,1 20,8 23,7 48,1 73,1 87,3 89,1 98,2 130,2 130,4 133,1 151,1 166,1 167,3 168,1 177,2 185,1 199,2 199,3 234,2 326,4 327,1 339,2 350,1

      querer 24,2 25,1 25,2 55,4 65,2 76,1 76,2 76,3 91,4 104 139,1 152 157,3 162,1 189,9 193 195,1 203 221 229,2 233 248,1 248,2 260 289,3 326,1 326,2 (cf. demander; souhaiter; vouloir)

DÉSOLATION° : *desolación* 6,1 6,3 8,1 13,1 13,2 62,2 118,3 176,1 317,1[a] 317,1[b] 317,4[a] 317,4[b] 318,1[a] 318,1[b] 318,2 319,1[a] 319,1[b] 320,1 321,1 321,2 323 324,1 324,2

DÉSOLÉ : *desolado* 7,1 322,1

DÉSORDONNÉ : *desordenado* 1,3 21 157,2 169,5 172,2 172,3 172,4 179,2 217,3 342,3

      desordenadamente (de façon —e) 16,2

DÉSORDRE : *desorden* 63,3 212,2 217,1

DESSEIN : *ordenación* 234,2

DÉVOTION : *devoción* 199,4 252,1 322,3 322,4

DISCERNEMENT° : *discreción* 176 328

DISCERNER : *discernir* 336,2

DISCIPLES : *discípulos* 145 161,4 191,1[a] 191,1[b] 191,2 201,1 201,4 208,10 276,2 276,4 278,2 279,3 280,2 280,3 281,2 283,3[a] 283,3[b] 284,2 284,5 289,3 290,3 291,5 301,2 303,2 303,4 304,2 306,2 307,2 311,3

DISPOSER : *disponer* 1,3 7,2 15,4 18,3 20,10 39,7 44,7 133,1
135,6 199,2 213,2 234,6
           disposición 252,1 (cf. capacités; dispositif; disposition;
forces)

DISPOSITIF : *disposición* 327,2 (cf. capacités; disposer; disposition;
forces)

DISPOSITION : *disposición* 1,4 220,1 335,4 (cf. capacité; disposer;
dispositif; forces)

DISTRIBUTION (des heures) : *repetición* 72,2 (cf. répétition)

DIVINITÉ : *divinidad* 124,1 197 219,1[a] 219,1[b] 223

DOULEUR : *dolor* 4,5 44,4 44,6 55,4 78,1 85 86,1[a] 86,1[b] 86,2
87,4 193 203 206,3 206,4 206,5 208,11 316,3

DOULOUREUX : *doloroso* 203 298,2

DON : *don* 20,10 74,2 87,3 234,1 237,1 275,9 322,3 (cf. présent)

E

ÉCARTER : *quitar* 1,3 1,4 150,2 153 154,1[a] 154,1[b] 155,1[a] 155,1[b]
217,1 315,3 342,3 (cf. enlever; ôter; retrancher; supprimer)

ÉCLAIRER : *esclarecer* 363,5
           ilucidar 2,3

EFFECTIF : *actual* 98,3 146,3 147,2 157,1 157,2 (cf. réel)

EFFECTIVEMENT : *actualmente* 167,2

ÉGLISE : *iglesia*, l'Église : 170,2 177,2 229,5 351,1 352 353 363,5
365,1 365,2 365,3; commandements de l'— : 18,7 42,2 361;
(= l'édifice) 88,2 355,1 358 360

ÉLECTION° : *elección* — en général : 18,11 163 164,1 169,1
169,2 170,1 170,2 172,1[b] 172,2[a] 172,3[b] 172,4 173,1[a] 173,2
174,2 175,1 178,2 178,3[a] 183,1 184,1 186 188[a] 188[b] 189,3[a]
189,4 338,1; — révocable ou non : 171,1 171,2 172,1[a] 172,2[b]
172,3[a] 173,1[b] 174,1 178,1 178,3[b] 183,2 189,3[b]

Index français

EMBRASER : *abrasar* 70

EMBRASSER : *abrazar* 125 149,1 (cf. envelopper)

ÉMOTION : *afecto* 60,1 (cf. cœur ; inclination)

ENDURER : *padescer* 65,4 (cf. souffrance ; souffrir)

ENFER : *infierno* 50,3 50,6 51,2 52,1 60,4 65,1 65,3 71,1 102,2 106,3 108,1 219,1

ENLEVER : *quitar* 277,4 298,2 333,3 (cf. écarter ; ôter ; retrancher ; supprimer)

ENNEMI : *enemigo* (Lucifer) 7,1 8,1 10,2 12,3 135,5 136,1 217,1 274,3 314,1 320,1 325,1 325,4 325,5 325,7 326,4 327,3 329,1 333,4 334,1 345,1 347,2 349,1 349,3 349,4 350,1 350,2 350,3

ENNEMIS : *enemigos* (démons) : 95,4 138,2 140 324,2 ; (hommes) : 196 201,4 278,4[a] 278,4[b] 291,3 295,2

ENTENDRE : *entender* 1,2 4,4 14,3 38,3 38,4 40,1 42,3 72,2 (cf. comprendre ; réfléchir)

ENTRAÎNER : *inducir* 142,3 146,6 334,1 (cf. susciter)

ENTRE : *medio (en)* 296,4 (cf. juste *milieu ; (juste) mesure ; modération ; moyen ; se régler)

ENTRER : *entrar* 5,1 76,1 95,4 131,3 164,1 228,2 239,1 262,3 282,2 302,3 303,3 330,1 332,1 335,5 335,6 (cf. monter ; pénétrer)

ENVELOPPER : *abrazar* 15,4 (cf. embrasser)

ENVISAGER : *proponer* 179,2 180,1 181,1 182,1 182,2 (cf. faire le *propos de ; proposer ; se représenter)

ÉPOUSE : *esposa* Marie (— de Joseph) : 264,2 ; l'Église (— du Christ) : 353 365,2
          mujer 326,2 326,3 (cf. femme)

ÉPOUX : *esposo* Joseph (— de Marie) : 264,2 ; Le Christ (— de l'Église) : 365,2

ÉPREUVES : *trabajos* 9,2 51,5 116,2 206,5 (cf. peine)

ÉQUITÉ : *razón* 234,3 (cf. raison)

ERREUR : *error* 41,3 348,1 363,3 367,1

ERRONÉ : *erroneo* 89,3 346,2

ESPÉRANCE : *esperanza* 316,4 317,3

ESPRIT° : *ánimo* 216,1 353,1 361,1 (cf. cœur; courage)

    entendimiento 20,7 75,2 214,2 322,4 351,2 (cf. intelligence)

    espíritu le bon ou le mauvais — : 4,6 6,1 8,2 9,3 17,2 32,3 176 177,3 314,3 315,2 318,2 328 333,4 335,3 336,4; autres emplois : 239,1 278,2 297,4

ESPRIT SAINT : *Espíritu Santo* 263,4 273,4 304,4[a] 304,4[b] 307,4 312,2 365,2 365,3

ÉTAT° : *estado* 15,1 40,3 98,4 135,1 135,2 135,4 135,6 141,2 145 154,2 177,2 189,1 189,4 189,5 339,2 343,3 344,4 (cf. *train de maison)

ÉTENDARD : *bandera* 136,1 137 147,1 156

EUCHARISTIE : *eucaristía* 289,5

EXAMEN° : *examen* en général 18,10; l'— particulier 18,4[a] 19,3 24,1 25,2 25,3 25,5 26,1[a] 26,1[b] 28[a] 28[b] 28[c] 29[a] 29[b] 90 160 207; l'— général 18,4[b] 32,1 43,1 43,4 43,5

EXAMINER : *examinar* 1,2 24,1 319,2 336,6 342,2 (cf. interroger)

    mirar 327,2 327,3 (cf. considérer; imaginer; observer; regarder; *tenir compte de; veiller à; voir)

EXCITER : *mover* 50,6 363,1 (cf. inciter; mouvoir; pousser)

EXPÉRIENCE : *experiencia* 176[a] 176[b] 334,4

EXPRIMER (s') : *comunicar* 366,2 (cf. communiquer; *faire part de)

F

FACULTÉ° : *potencia* 20,8 45,1 51,1 177,3 238,2 246,1 246,2 320,1 (cf. puissance)

FAIRE PART DE : *comunicar* 54,2 (cf. communiquer; s'exprimer)

FAUTE : *culpa* 293,3 343,1 343,2 348,2

falta 41,2 43,6 65,4 160 241,2 245 322,1 (cf. le manque)

FEMME : *mujer* en général : 263,4 282,4 286,4 302,2 325,1 325,2 325,3; Marie 264,2 (cf. épouse)

FERVEUR : *intensión* 368,1 (cf. intensité)

FIDÈLE (adj.) : *devota (anima —)* 15,3 175,2 332,1

FIN : *fin* la — pour laquelle l'homme est créé : 23,3 23,4 23,7 169,3[a] 169,3[b] 169,3[c] 169,4 169,5[a] 169,5[b] 169,6[a] 169,6[b] 179,1 189,6; autres emplois : 109,1 118,3 331,1 333,1 334,1

FIXER : *determinar* 217,2 (cf. décider)

— un horaire : *ordenar (horas)* 355,2 (cf. ordonner)

FOI : *fe* 279,3[a] 279,3[b] 280,4 282,4 316,4 366,1 368,1 368,2 369,2

FONDEMENT : *fundamento* 2,2 23,1

FORCES : *disposición* 72,2 205 (cf. capacités; disposer; dispositif; disposition)

FRIVOLE : *vano* 326,1 326,2 326,3 (cf. insensé; léger; vain)

FRUIT : *fruto* — de la terre : 60,3 236,2; — du sein de Marie : 263,4; — spirituel : 2,4 18,8 82,3 174,2

G

GAI : *alegre* 206,4

GÉNÉREUX : *liberal* 94,1

GÉNÉROSITÉ : *liberalidad* 5,1

GÉNUFLEXION : *humiliación* 75,2

faire une — : *humiliarse* 108,3 (cf. s'humilier)

GLOIRE : *gloria* — de Dieu : 16,3 16,6 78,1 95,4 95,5 152 167,1 179,3 180,1 185,1 189,5 189,9 206,4 221 229,3 240,2 264,4 276,4 303,3 339,2 351,1; vaine — 322,4 351,2

GLORIEUX : *glorioso* 98,1

GLORIFIER : *glorificar* 265,4 278,3

GOÛT : *gusto* 2,4 69 124,1 227,3 252,2 254,1

GOÛTER : *gustar* 2,5 69 124,1

GRÂCE : *gracia* 20,10 25,1 43,3 43,7 44,8 46 50,4 50,5 54,2 61 63,1 87,3 91,4[a] 91,4[b] 139,2 147,1 152 221 234,5 240,1 240,2 243,1 248,2 257 262,3 271,2 275,9 320,3[a] 320,3[b] 322,2 322,3 324,1 324,2 366,1 369,1 369,2

      virtud 2,3 363,5

GRAND : *crecido* 322,2 322,3 325,7 (cf. immense ; profond)

H

HAÏR : *aborrecer* 278,4 (cf. avoir en horreur)

HISTOIRE° : *historia* 2,1 2,2[a] 2,2[b] 2,4 102,1 111,1 137,1 150,1 191,1 201,1 219,1

HOMME : *binario* 148,2 149,1 150,1 153,1 (154,1) (155,1) 159,3[a] 159,3[b] 168,1 199,5[a] 199,5[b]

    N.B. Hombre, qui apparaît trente-sept fois, a été traduit selon les cas par « homme », « il », « on », « quelqu'un », etc.

HONNEUR : *honor* 16,3 23,6 38,4 142,2 142,3 146,5 166,1 167,3 231,2

      honra 9,2 16,3

  rendre — : *acatar* 38,4

HONTE : *vergüenza* 9,2 48,4

  éprouver de la — : *envergonzarse* 50,2

HONTEUX : *avergonzado* 74,2

Index français

HORREUR : *aborrecimiento* 63,2
  avoir en — : *aborrecer* 63,3 63,4 348,1 (cf. haïr)

HUMBLE : *humilde* 144

HUMILIER (s') : *humiliarse* 165,1 324,1 (cf. faire une *génuflexion)

HUMILITÉ° : *humilidad* 146,4 146,5 164,1 165,1 166,1 167,1
  168,1 168,2 289,4

I

IDÉE : *concepto* 336,4

IDOLÂTRIE : *idolatría* 39,8

ILLUMINATION : *iluminación* 39,6

ILLUMINATIVE (la vie —) : *iluminativa (vida —)* 10,2

ILLUMINER : *iluminar* 363,5

IMAGINATION : *imaginación* 47,3 65,3 66 121,2
  les yeux de l'— : *imaginativa (la vista —)* 47,5 91,3 112,1
  122

IMAGINER : *imaginar* 53,1 140,1 143 314,1
        mirar 185,1 339,1 (cf. considérer; examiner; obser-
ver; regarder; *tenir compte de; veiller à; voir)

IMITER : *imitar* 98,1 109,2 139,2 147,3 167,2 168,2 214,1 248,1
  248,2

IMMENSE : *crecido* 142,2 320,3 325,3 (cf. grand; profond)

INCARNATION : *encarnación* 101,1 108,2 128,1 130,3 159,2

INCARNER : *encarnar* 109,1 109,2 130,2

INCITER : *mover* 14,3 15,1 15,2 (cf. exciter; mouvoir; pousser)

INCLINATION : *afecto* 153 154 155,1 157,1 157,2 (cf. cœur; émotion)
  sentir de l'— : *inclinar* 342,1

INCLINER (s') : *inclinarse* 15,5 16,2 179,2 182,1 333,1

INDIFFÉRENT° : *indiferente* 23,5 157,1 170,1 179,2

INQUIÉTER : *inquietar* 315,2 333,3

INSENSÉ : *vano* 167,4 (cf. frivole; léger; vain)

INSINUATIONS : *suasiones* 326,2 326,4 345

INSPIRATIONS : *inspiraciones* 213,2 315,3

INTELLIGENCE
  (la faculté) : *entendimiento* 2,3 3,1 3,3 39,6 50,1 50,6 51,6
  52,3 64,2 180,2 234,4 299,3ᵃ 299,3ᵇ 330,2 (cf. esprit)
                ingenio 18,1
  (la compréhension) : *inteligencia* 1,1 240,2 363,4 (cf. pensée)

INTELLIGENT : *ingenioso* 19,1

INTENSE : *intenso* 55,4 319,1 320,3 322,3

INTENSÉMENT : *intensamente* 221 315,1

INTENSITÉ : *intensión* 37,2 (cf. ferveur)

INTENTION : *intención* 41,2 46 169,2 325,7 326,3 331,3 333,2
  334,3 (cf. but)
                propósito 275,3 (cf. projet; propos; résolution)

INTÉRIEUR : *interior* 316,1
                interno 44,5 63,2 65,4 81,1 82,2 87,3 104 203
  213,2 233 316,4 359

INTÉRIEUREMENT : *interiormente* 44,5
                internamente 2,5 322,3

INTERROGER : *examinar* 293,3 306,4 (cf. examiner)

INVERSE : *contrario (por el —)* 89,4 135,5 143 181,2 181,3 231,1
  324,2 325,3 325,6
                contrario modo 314,3 315,1 335,3 350,1 (cf. contraire;
  par *contre; opposé)

Index français

J

JEÛNE : *ayuno* 229,5 359

JEÛNER : *ayunar* 274,2

JOIE : *gozo* 48,3 78,1 187,2 221 229,2 229,3 265,2 301,2 329,1 334,3

JOUISSANCE : *delectación* 35,2 314,1 (cf. plaisir)

JOYEUX : *gozoso* 48,2

JUGEMENT : *juicio* 41,3 89,3 96,1 336,4 346,1 346,2[a] 346,2[b] 353 le — dernier 78,2 187,1 341,1

JUGER : *juzgar* 213,3 339,3

JUSTICE : *justicia* 51,5 59,2 60,2 234,3 237,1 273,3 278,2

L

LARMES : *lágrimas* 4,5 48,2 55,4 69 78,1 89,1 203 282,3 315,3 316,3 322,3

LÉGER : *vano* 39,1 (cf. frivole; insensé; vain)

LIBERTÉ : *libertad* 5,1 23,6 32,2 50,4 234,4 346,1 369,1

LIBRE ARBITRE : *libero arbitrio* 369,3
libre albedrío 23,5

LIBREMENT : *liberamente* 177,3 346,1
libremente 20,8

LOUANGE : *alabanza* 15,4 46,1 98,2 155,2 157,3 167,1 168,2 169,1 169,9 179,3 180,1 181,1 183,2 189,5 189,9 240,2 316,3 322,2 369,2

LOUER : *alabar* — Dieu : 20,6 23,2 117,1 179,1; — quelque chose : 354 355,1 356 357,1 358[a] 358[b] 359 360 361 362,1 363,1 370,1
laudar 263,4

LUCIFER : *Lucifer* 136,1 137 138,2

LUMIÈRE : *claridad* 79 130,4 176 229,4

M

MAJESTÉ : *majestad* 98,4 289,3
      divina majestad 5,2 16,5 16,6 20,6 46 106,3 108,3 135,4 146,3 147,2 147,3 152 155,2 167,1 168,2 183,2 233 234,3 235,2 240,2 248,1 330,1 369,2 370,1

MALICE : *malicia* 44,5 52,2 57,1 59,2 (cf. *action mauvaise; perversité)

MANIÈRE (de faire) : *orden* 18,10 119 128,2 260 (cf. ordre)

MANQUE : *falta* 276,3 (cf. faute)

MARIAGE : *casamiento* 169,4
      matrimonio 171,1 172,2 189,2 344,5 356

MARIER (se) : *casarse* 169,4 169,6 357,2

MATÉRIEL (adj.) : *corpóreo* 47,3 47,4 (cf. corporel)

MATIÈRE : *materia* 9,4 18,11 119 163 199,4 244,3 247,2 254,1 281,4 (cf. sujet)

MÉCHANCETÉ : *maldad* 58,5

MÉDITATION° : *meditación* — en général 2,1 12,3 47,2 49,1 77,1 319,2; une — particulière 19,4 19,5 19,7 45,1 55,1 65,1 136,1 149,1 199,5

MÉDITER : *meditar* 1,2 2,1 39,6 75,1 111,1 122 261,3 310,2

MÊLER (se) : *llegar* (pour *allegar*) 173,1 (cf. approcher; arriver; survenir; s'unir)

MÉMOIRE : *memoria* 234,4; appliquer la — sur : 50,1 50,4; se (re)mettre en — : 51,2 51,3 52,2 56,1 71,1 78,2 130,3 206,5 229,3 234,1

MÉPRIS : *menosprecio* 146,4 146,5

Index français

MÈRE : *madre* l'Église : 170,2 353 363,5 365,3 ; Notre-Dame : 98,1 109,1 135,3 199,4 219,2 266,4 269,2 270,2 273,2 276,3 297,3[a] 297,3[b] 298,2 ; Élisabeth : 263,2

MÉRITE : *mérito* 40,4 44,4 44,6

MÉRITER : *merecer* 20,6 33,2 34,1 34,2 48,3 50,3

MÉRITOIRE : *meritorio* 14,4

MÉRITOIREMENT : *meritoriamente* 15,2

MESSE : *misa* 20,4 72,1 128,1 129,2 133,2 148,1 159,1 204,2 209,4 227,2 355,1

MESURE (juste) : *medio* 84,3 213,1 213,2 (cf. entre ; (juste) milieu ; modération ; moyens ; se régler)

MILIEU (au) : *medio (en)* 15,5 179,3 272,4 281,3 304,3 333,1 (cf. entre ; juste *mesure ; modération ; moyen ; se régler) juste — : *medio (en el)* 350,3

MISÉRICORDE° : *misericordia* 18,7 61 71,4 237,1

MISÉRICORDIEUX : « *misericors* » 278,2

MODÉRATION : *medio* 229 (cf. entre ; juste *mesure ; (juste) milieu ; moyens ; se régler)

MODIFICATIONS : faire des — : *mudarse* 49[a] 49[b] (cf. faire des *changements ; quitter)

MODIFIER : *mudar* 105,1 105,2 130,1 206,1 206,4 229,1 (cf. changer)

MONDAIN : *mundano* 63,4 97,2 146,5

MONDE : *mundo* 9,2 63,4 71,2 94,2 95,4 102,1 103,1 141,2 142,2 145[a] 145[b] 165,2 (cf. univers)

MONTER : *entrar* (dans une barque) 280,4 (cf. entrer ; pénétrer)

MORT : *muerte* 53,1 74,4 78,2 153 186 269,2 269,4 289,2 290,4 340,1

MOTION° : *moción* 6,1 182,2[a] 182,2[b] 227,3 313,1 316,1 317,2 329,1 330,1

MOURIR : *morir* 53,1 106,2 106,3 116,2 285,2 303,3

MOUVOIR : *mover* 175,2 180,1 184,2 338,2 (cf. exciter; inciter; pousser)

MOYEN (subst.) : *medio* 22,4 153 169,3[a] 169,3[b] 169,4 169,5 169,6 169,7 177,2 (cf. entre; juste *mesure; (juste) milieu; modération; se régler)
prendre les — : *ayudarse* 213,2 (cf. trouver de l'*aide; se servir de)

MYSTÈRE° : *misterio* 19,8 127,1 127,2[a] 127,2[b] 130,3[a] 130,3[b] 130,3[c] 162,2 206,2 206,5 208,5 208,6 209,1 209,2 209,5 226,1 226,5 261,2 261,3
N.B. Le mot figure dans un titre en : 261,1 290,1 291,1 292,1 293,1 294,1 295,1 296,1 297,1 298,1

N

NATURE : *natura* 89,5; l'ennemi de la — humaine : 7,2 10,2 135,5 136,1 325,7 326,4 327,3 334,1

NATUREL : *natural* 18,8 20,8 135,3 177,3 320,1

O

OBÉIR : *obedecer* 87,2 92 165,1 279,4 353

OBÉISSANCE : *obediencia* 14,3 50,4 135,2 357,1

OBÉISSANT : *obediente* 134 271,2

OBSERVER : *mirar* 115 194,3 (cf. considérer; examiner; imaginer; regarder; *tenir compte; veiller à; voir)

OBTENIR : *alcanzar* 11,2 63,1 63,5 147,1 147,4 248,2 (cf. parvenir à)

ŒUVRE° : *obra* 18,7 278,3 286,4 367,3 369,3 (cf. acte; action)
obrar (el) 368,2

Index français

ŒUVRER : *laborar* 236,1
       « *laborare* » 236,1

OFFRANDE : *oblación* 97,2 98,1 188

OFFENSER : *ofender* 74,2

OFFRIR : *ofrecer* 5,1 96 97,1 183,2 234,3[a] 234,3[b] 267,3 268,2
(cf. se présenter)

OPPOSÉ (subst.) : *contrario* 16,2 16,4[a] 137 317,4[a] 317,4[b] 321,1
335,4 335,5 (cf. contraire; par *contre; inverse)
               opósito 325,5

OPPROBRE : *oprobrio* 146,4 146,5 147,3 167,2
           vituperio 98,3

ORAISON : *oración* 12,3 239,1 319,2 (cf. prier; prière)

ORDONNER
(commander) : *mandar* 229,5 276,3 279,4 283,3[a] 283,3[b] 285,4
312,2 344,3
(mettre de l'ordre) : *ordenar* 16,2 20,2 20,6 21,1 40,2 40,4 46
63,3 169,3 210,1 316,3 (cf. fixer)
(de façon —ée) : *ordenadamente* 172,2 173,1

ORDRE
(commandement) : *mandamiento* 280,4 306,2
(déroulement) : *orden* 2,1 20,1 43,5 244,4 246,2 247,2 (cf.
manière de faire)
(le contraire de « désordre ») : *orden* 214,3 (cf. manière de
faire)

ORGUEIL : *soberbia* 50,5 142,2 142,3 146,5 322,4

ÔTER : *quitar* 166,2 (cf. écarter; enlever; retrancher; supprimer)

OUTRAGES : *injurias* 98,3 116,2 147,3

P

PACIFIER : *pacificar* 316,4

Exercices Spirituels

PAIX : *paz* 42,3 106,2 150,2 153 201,4 268,3 289,4 304,3 333,3
absence de — : *inquietud* 317,2 (cf. agitation)

PARCOURIR : *discurrir* 2,1 2,2 50,1 50,6 51,6 52,3 53,3 64,2
182,1 (cf. *passer en revue; réfléchir; repasser)
            discurso 243,1 (cf. déroulement; raisonnement)

PARDON : *perdón* 43,6 241,2

PARDONNER : *perdonar* 282,4 297,3 304,4[a] 304,4[b]

PARFAITS (les) : *perfectos* 39,5 39,6 39,8

PARFAITE : *perfecta* 166,1 167,1 240,2

PARLER : *razonar* 61 199,1

PARVENIR : *alcanzar* 44,6 168,1 213,1 230,1 370,2 (cf. obtenir)

PASSER EN REVUE : *discurrir* 60,1 (cf. parcourir; réfléchir; repasser)

PASSION
  la — du Christ : *pasión* 4,3 48,2 87,4 193 203 206,5 208,8
209,1 209,3[a] 209,3[b] 209,3[c] 209,4 209,6[a] 209,6[b] 223,1 226,2
226,5 316,3

PATIENCE : *paciencia* 281,3 321,1

PAUVRE : *pobre* (subst.) 189,8 277,4 278,2
          pobrecito (petit pauvre) 114,2
          pobre (adj.) 167,3 344,3 344,6

PAUVRETÉ : *pobreza* (opposé à « richesse ») : 15,1 23,6 116,2
146,5 157,1 166,1 167,3; — effective : 98,3 146,3 147,2 157,1
157,2; — spirituelle : (98,3) 146,2 147,2; vœux de — : 14,3
357,1

PÉCHÉ : *pecado* — en général : 4,2 4,5 17,1 18,6 18,9 19,4 19,5
19,6 24,2 25,1 25,4 26,2 27,1 27,2 40,4 41,2 41,3 41,4[a] 41,4[b]
42,2 43,3 44,4 44,5 44,8 45,5 47,5 48,5 50,1 50,3[a] 50,3[b] 50,3[c]
50,4 51,1 51,2 51,3 52,1[a] 52,1[b] 52,2[a] 52,2[b] 53,1 55,1 55,4
56,1[a] 56,1[b] 57 58,5 63,2 65,5 74,1 78,1 82,2 82,3 87,1 87,3
147,3 193 197 244,3 282,4 304,4 314,2 315,1 316,3 346,1

348,2 349,2^b 349,3^a 349,3^b 349,3^c; — mortel° : 18,5 18,7
33,2 37,1 41,1 48,4 51,1 57 165,2 238,2 242,3 244,1 244,3
245 314,1^a 314,1^b 349,2^a (349,5^b) 370,2 ; — véniel : 166,2
(349,2^b) 349,5

PÉCHER : *pecar* 35,1^a 35,1^b 36 37,1 39,1 41,1 42,4 51,4 52,3
59,1 242,1 346,2 347,1^a 347,1^b

PÉCHEUR : *pecador* 74,3

PEINE : *pena* 19,6 48,3 65,4 65,5 78,1 78,2 87,4 95,5 203 206,4
trabajos 93,4 96 97,1 (cf. épreuves)

PEINER : *trabajar* 93,3 95,5 116,1 (cf. travailler)

PÉNÉTRER : *entrar* 86,1 335,1 (cf. entrer ; monter)

PENSÉE : *inteligencia* 351,1 (cf. intelligence)
pensamiento 17,1 17,2 32,2 33,1 33,2 33,3^a 33,3^b 34,1^a
34,1^b 35,1 35,2 36 43,5 74,1 74,5 206,4 317,4 332,2 333,1
333,2 334,2 347,1 349,3 351,2
à la — que : *pensar (en)* 12,2 (cf. penser)

PENSER : *pensar* 73,2 78,1 89,4 109,1 187 189,10 229,3 229,4
241,1 242,1 254,1 280,3 302,4 321,2 323 324,1 324,2 341,1
347,1 (cf. à la *pensée que)

PERCEVOIR : *sentir* 263,2 (cf. s'apercevoir ; ressentir ; sentir)

PERFECTION : *perfección* 15,2 135,3 135,6 185,1^a 185,1^b 339,2^a
339,2^b 357,1 357,2

PERFECTIONNER : *perfeccionar* 173,2

PERMETTRE : *ayudar* 205 (cf. aider)

PERVERSITÉ : *malicia* 50,5 325,7 331,3 (cf. *action mauvaise ;
malice)

PEUR : *temor* 284,5^a 284,5^b 290,4 325,6 (cf. crainte)

PHYSIQUE (adj.) : *corporal* 213,3^a (cf. corporel ; du corps)

PLAISIR : *delectación* 215,2 (cf. jouissance)
placer 78,1 229,3 314,1^a 314,1^b (cf. bonheur)

PLEURER : *llorar* 87,4 106,2 195,2 278,2 285,4 292,2

PORTER

être porté à : *afectado* 16,2[a] 16,2[b] 16,3 179,2

se — à : *afectarse* 16,4 18,6 (cf. s'attacher à; mettre son
*cœur à; souhaiter; être *touché)

POUSSER : *mover* 155,3 155,4 169,7 317,2 (cf. exciter; inciter;
mouvoir)

POUVOIR (subst.) : *potestad* 281,2 307,3

PRATIQUE

la — du bien : *obrar (el bien)* 315,3 (cf. agir; œuvrer; réaliser)

PRÉCEPTE° : *precepto* 18,7 42,2 229,5 361 (cf. commandement)

PRÉFÉRER : *preferir* 293,4

PRÉSENT (= cadeau) : *don* 267,3[a] 267,3[b] (cf. don)

PRÉSENTER (se) : *ofrecerse* 53,3 (cf. offrir)

PRÊTRE : *sacerdote* 294,3 354

PRIER : *orar* 1,2 257 258,4[b] 259 290,2 290,3[a] 290,3[b]
(manera de —) 238,2 238,3[a] 252,3
(modo de —) 4,3 18,5 238,1 238,3[b] 239,2 241,1 249 250
252,1 258,1 258,2 258,3 258,4[a]
oración (hacer —) 201,4 280,2 285,4 358 (cf. oraison;
prière)

PRIÈRE : *oración* 16,4 183,1 201,3 238,3 239,1 249 251[b] 252,3
255,1 256 257 258,4 258,6 259 260[a] 260[b] 319,2 355 355,2
(cf. oraison; prier)
— préparatoire : *oración preparatoria* 45,2 46,1 49 55,1 55,2
62,2 65,1 65,2 91,2 101,1 101,2 105,1 110,2 118,2 121,1 136,2
149,2 159,2 190,1 190,2 200,2 204,1 204,3 218,2 231,3 240,1
244,2 246,2 248,1 248,2 251[a] 258,3

PROFIT : *provecho* 17,3 18,12 38,3 44,4 44,6 106,4 107,3 108,4
114,3 115 116,3 122 123 124,2 125,1 181,1 181,3 194,1 194,2
194,3 331,2 362,2 (cf. avantage; être *profitable à; progrès)

Index français

PROFIT (il y a —) : *aprovechar* 11,1 18,2 18,3 20,7 162,1 174,2 238,3 319,1 334,2 348,1 (cf. il est *profitable; profiter; progresser; être *utile)

PROFITABLE : *aprovechar* 5,1 9,1 17,1 22,1 40,1 40,2 89,1 100 121,2 130,4 133,1 157,2 164,2 168,1 189,4 217,1 228,2 (cf. il y a *profit à; profiter; progresser; être *utile)
être — à : *provecho (hacer —; ser —)* 40,2 211,2 362,4 (cf. avantage; profit; progrès)

PROFITER : *aprovechar* 20,1 20,2 209,6 363,3 (cf. il y a *profit à; il est *profitable; progresser; être *utile)

PROFOND : *crecido* 55,4 60,1 (cf. grand; immense)

PROGRÈS : *provecho* 333,4 367,3 (cf. avantage; profit; être *profitable)

PROGRESSER : *aprovechar* 189,10 271,2 350,1 (cf. il y a *profit à; il est *profitable; profiter; être utile)

PROJET : *propósito* 336,5 (cf. intention; propos; résolution)

PROPOS : *propósito* 82,2 (cf. intention; projet; résolution)
faire le — de : *proponer* 24,2 25,5 43,7 61 (cf. envisager; proposer; se représenter)

PROPOSER : *proponer* 25,2 178,3 245 314,1 333,2 (cf. envisager; faire le *propos de; se représenter)
ce qu'on se propose : « materia subiecta » 4,7 48,2 49 74,5 105,2 199,1 204,3 225 226,3 243,2

PUISSANCE : *potencia* — de Dieu 39,6 (237,1[b]); — de l'homme 237,1[a] (cf. faculté)

PURGATIVE
la vie — : *purgativa (vida —)* 10,3

PURIFIER : *purgar* 315,1 348,2

Q

QUIÉTUDE : *quietud* 315,3 333,3 (cf. repos)

QUITTER : *mudarse* 20,3 (cf. faire des *changements; des *modifications)

R

RAISON : *razón* 37,1 39,2 41,4 87,2 96 182,1 213,1 314,3 315,2 329,2 344,1 351,2 361 (cf. équité)
de la — : *racional* 182,2

RAISONNEMENT : *discurso* 336,4 (cf. déroulement; parcourir)

RAPPELER (se) : *memorar* 50,2

RÉAGIR : *mover se* 16,2

RÉALISER : *obrar* 108,2 351,1 351,2 (cf. agir; œuvrer; la *pratique du bien)

RECONNAÎTRE : *conoscer* 151,2 264,2 303,4 306,3 313,1 334,1 (cf. connaître)

RÉDEMPTEUR : *redentor* 229,4

RÉDEMPTION : *redención* 107,7 234,1 268,4

RÉEL : *actual* 44,4 336,2 (cf. effectif)

RÉFLÉCHIR : *discurrir* 3,1 180,2 (cf. parcourir; *passer en revue; repasser)
            raciocinar 2,2 181,1 182,1
            reflectir 106,4 107,3 108,4 114,3 116,3
— en soi-même : *reflectir en sí mismo* 115 123 124,2 194,1 234,3 235,3 236,2 237,2

RÉFLEXION : *raciocinación* 2,3

RÉFORMER : *reformar* 189,1 189,4 343,3

REGARDER : *mirar* 28 29 30 53,2 56,1 56,2 75,2 77,2[a] 93,1

102,1 106,3 108,1 112,2 114,2 116,1 169,2 181,3 182,1 211,2 214,1 220 224 235,1 237,1 245 258,5 292,4 312,4[a] 312,4[b] 334,2 336,2 338,1 349,1 (cf. considérer; examiner; imaginer; observer; *tenir compte de; veiller à; voir)

RÉGLER (se) : *medio (tener)* 339,2 (cf. entre; juste *mesure; (juste) milieu; modération; moyens)

REGRET : *sentimiento* 193 (cf. satisfaction sensible; sentiment; sentir)

REJETER : *lanzar* 35,2 43,3 171,2 211,2 313,2 342,3 (cf. chasser; *verser des larmes)

RÉJOUIR (se) : *gozarse* 199,2 221 229,4 263,3

RELIGION

  vœux de — : *religión* 357,1 (cf. vie *religieuse)

RELIGIEUX (subst.) : *religioso* 40,3

RELIGIEUSE (vie) : *religión* 14,3 15,2 356 (cf. religion)

REMERCIER : *gracias (dar —; hacer —)* 43,2 61 71,3 77,3 108,4

REPASSER : *discurrir* 25,3 (cf. parcourir; *passer en revue; réfléchir)

  resumir 73,2 131,3 206,2 (cf. reprendre)

RÉPÉTER : *repetir* 62,2 133,2

RÉPÉTITION° : *repetición* — de l'exercice 62,1 118,1 118,2 119[a] 119[b] 120[a] 120[b] 129,3 132,2 134 148,1 159,1 204,2 208,2 208,4 208,6 208,7 208,10 209,5 226,6 227,2[a] 227,2[b] (cf. *distribution des heures)

REPOS : *quietud* 188 (cf. quiétude)

REPRENDRE : *resumir* 64,1 64,2 (cf. repasser)

REPRÉSENTER (se) : *proponer delante* 178,3 (cf. envisager; faire le *propos de; proposer)

RÉSISTER : *resistir* 13,2 33,2 34,1[a] 34,1[b] 320,1 324,2

RÉSOLUTION : *propósito* 318,1 319,1 (cf. intention; projet; propos)

RESPECT : *acatamiento* 39,4ª 39,4ᵇ 39,7 114,2

RÉSURRECTION : *resurrección* 4,3 48,2 78,1 161,6 206,4 223 226,1 226,2 226,3 285,1 285,3 299,1 301,2

RESSENTIR : *sentir* 347,2 (cf. s'apercevoir; percevoir; sentir)

RESSUSCITER : *resucitar* 219,2 284,5 285,3 285,4ª 285,4ᵇ 300,3 302,3 302,4 303,3

RETRANCHER : *quitar* 83,1 83,2 84,1 84,2 84,3 213,1 (cf. écarter; enlever; ôter; supprimer)

RÉVÉRENCE : *reverencia* 3,3 38,2 38,4ª 38,4ᵇ 39,2 39,4ᵇ 75,2 114,2

rendre — : *reverencia (hacer)* 39,4ª 39,7 50,4 92 (cf. révérer)

RÉVÉRER : *reverencia (hacer)* 23,1 (cf. rendre *révérence)

RICHESSE : *riqueza* 23,6 142,2 142,3 146,5 157,1 166,1 167,3 231,2

RUSES : *astucias* 7,2 8,1 326,4

RYTHME : *compás* 258,1 259 260ª 260ᵇ

S

SACERDOCE : *sacerdocio* 171,1 172,1

SACREMENT de l'Eucharistie : *sacramento* 18,6 19,3 42,3 44,7 209,2 354

SACRIFICE : *sacrificio* 289,5

SAGESSE : *sapiencia* 59,2 271,2

SALUT : *salud* 1,4 152 165,1 166,2 169,7 181,1 188 320,3 327,4 333,4 363,3 365,2 (cf. *bien spirituel; santé)
    salvación 169,2 177,2 179,3 189,5

salut! (= salutation) : (cf. sauver)

SANTÉ : *salud* 23,6 (cf. *bien spirituel; salut)

SATISFACTION SENSIBLE : *sentimiento* 215,2 (cf. regret; sentiment; sentir)

Index français

SAUVER : *salvar* 22,2 22,3 22,4 23,2 102,2 150,2 153 177,1 179,1 287,4[a] 287,4[b] 366 ; « *Dios te salve* » (salut !) 262,3 295,3 301,3
sauvé : *salvo* 282,4 367,2

SAUVEUR : *salvador* 265,2

SAVOIR (subst.) : *noticia* 322,3 (cf. connaissance)

SCRUPULE : *escrúpulo* 345 346,1 346,2 347,2 348,1

SECOURS : *auxilio* 320,2 369,2

SENS° : *sentido* (= signification) 2,5 ; autre emploi 352
    sentido(s) (= les cinq sens) 18,7 121,1 121,2 129,3 132,2 133,2 134 159,1 204,2 208,2 208,4 208,6 208,7 208,10 209,5 226,5 227,3 238,2 247,1 247,2 248,1[a] 248,1[b] 248,2[a] 248,2[b] 335,5
    sensualidad 87,2 97,2
    sensual (adj.) 35,2 89,3 182,2 314,1

SENSIBLE : *sensible* 85 86,1

SENTIMENT : *afectos* 50,6 363,1
    sentimiento 62,2 (cf. regret ; *satisfaction sensible ; sentir)
mouvoir les — : *afectar* 3,1

SENTIR : *sentimiento* 65,4 330,2 (cf. regret ; *satisfaction sensible ; sentiment)
    sentir 2,2 2,4 8,1 62,2 63,2 63,3 78,1 78,2 89,5 109,2 118,3 157,1 179,3 184,3 213,2 217,1 227,3 235,3 257 313 320,2 322,3 334,1 338,3 342,1 345,1 (cf. s'apercevoir ; percevoir ; ressentir)

SERVICE : *servicio* (— de Dieu) 9,2 16,6 46 97,1 98,2 135,3 155,2 155,3 157,3 166,2 168,2 169,7 177,2 183,2 315,1 316,3 322,2 351,3
(— du Temple) 344,6

SERVIR : *servir* 5,2 15,4 20,6 20,7 23,1 114,2 130,2 135,4 146,3 147,2 155,4 168,2 169,4[a] 169,4[b] 169,4[c] 169,6 233 274,4 363,1 370,1 se — de : *ayudarse* 50,4 (cf. trouver de l'*aide; prendre les *moyens)

SOPHISMES : *falacias* 329,2 363,3
  sutilezas 329,2

SOUFFRANCE : *padescer (el —)* 206,3 (cf. endurer; souffrir)
  tormento 48,3

SOUFFRIR : *padescer* 195,1ᵃ 195,1ᵇ 196 197ᵃ 197ᵇ 278,2 303,3 (cf. endurer; souffrance)
  penar 60,4
  souffrant : *atormentado* 48,3

SOUHAITER : *afectarse* 166,1 (cf. s'attacher à; mettre son *cœur à; se porter à; être touché)
  querer 48,1 87,3 98,2 326,4 (cf. demander; désirer; vouloir)

SUJET : *materia* 338,1 (cf. matière)

SUPPRIMER : *quitar* 27,1 90 162,3 329,1 369,1 (cf. écarter; enlever; ôter; retrancher)

SURVENIR : *llegar* 264,4 (cf. approcher; arriver; se mêler; s'unir)

SUSCITER : *inducir* 206,4 329,1 (cf. entraîner)

T

TEMPÉRANCE : *temperancia* 83,1 229,5

TENIR COMPTE : *mirar* 344,4 (cf. considérer; examiner; imaginer; observer; regarder; veiller à; voir)

TENTATEUR : *tentador* 274,3

TENTATION : *tentación* 13,2 210,2 212,1 217,3ᵃ 217,3ᵇ 317,2 320,1 325,4 325,5 325,6 347,2 351,2 351,3

TENTER : *tentar* 7,1 9,1 10,1 10,2 142,2 199,2 217,2 274,1 274,3 334,2

Index français

TOUCHÉ (être) : *afectarse* 229,2 (cf. s'attacher à ; mettre son *cœur à ; se porter à ; souhaiter)

TOUTE PUISSANCE : *omnipotencia* 59,2

TRAIN (de maison) : *estado* (de casa) 344,1 (cf. état)

TRANQUILLITÉ : *tranquilidad* 333,3

TRANQUILLE : *tranquilo* 177,1 177,3 279,4

TRANQUILLEMENT : *tranquilamente* 177,3

TRANSGRESSER : *quebrantar* 165,2 (cf. accabler)

TRAVAILLER : *trabajar* 11,2 195,2 236,1 321,1 (cf. peiner)

TRISTE : *triste* 290,4 317,3

TRISTESSE : *tristeza* 69 329,1

TROMPER (se) : *errar* 172,3 364,1

TROMPERIE : *engaño* 139,1 326,5 326,6 332,2 334,4 336,1

TROUBLE : *turbación* 317,2 329,1 347,2

TROUBLER : *turbar* 349,1

U

UNIR (s') : *allegarse* 20,10 (cf. approcher)
llegar 20,9 (cf. approcher ; arriver ; se mêler ; survenir)

UNIVERS : *mundo (el universo)* 95,3 (cf. monde)

UNIVERSEL : *universal* 97,3

UTILE (être) : *aprovechar* 56,1 (cf. il y a *profit à ; il est profitable ; profiter ; progresser)

V

VAIN : *vano* 63,4 142,2 322,4 351,2 (cf. frivole ; insensé ; léger)

Exercices Spirituels

VAINCRE : *vencer* 13,2 21 33,2 34,1 87,2 217,2 327,1

VEILLER À : *mirar* 172,2 229,5 (cf. considérer; examiner; imaginer; observer; regarder; *tenir compte; voir)

VÉRITABLE : *verdadero* 2,2 329,1 (cf. vrai)
vero 164,4 322,3 353 363,4

VÉRITÉ : *verdad* 38,2 38,3 39,2 39,3 289,2 305,3 366

VERSER (des larmes) : *lanzar (lágrimas)* 316,3 (cf. rejeter; chasser)

VERTU° : *virtud* 124,1 146,6 199,2 245 257,1 327,3 (cf. grâce)

VIE : *vida* — du Christ 4,2 71,2^a 71,2^b 130,3 135,4^a 261,1 271,1; — des saints 100 215 310,2; notre — 23,6 60,1 61 71,3 165,2 166,1 166,2 172,2; — spirituelle 10,2 10,3 53,1 139,2 285,3 350,1; (= l'état, la manière de vivre) 21 91,1 98,4 135,4^b 135,6 177,2 189,1 189,4 189,5 343,3; (= l'existence) 1,4 44,4 51,5 56,1

VIRGINITÉ : *virginidad* 15,2 356

VOCATION : *vocación* 172,3^a 172,3^b 172,4 275,6 (cf. appel)

VŒUX : *votos* 14,1 14,3 14,4 357,1^a 357,2^a 357,2^b

VOICI QUE... : *mira que* 262,4 281,3

VOIR : *mirar* 77,1 77,2^b (cf. considérer; examiner; imaginer; observer; regarder; *tenir compte de; veiller à)

VOLONTÉ : *volundad* — divine 1,4 5,2 15,3 91,4 180,2 234,5; — du Christ 95,4; — de l'homme 3,1 3,2 50,1 50,6 51,6 52,3 93,1 155,2 175,2 180,1 189,3 234,4 290,3 330,2

VOULOIR (subst.) : *querer (el)* 5,1 32,2 189,10

VOULOIR (verbe) : *querer* 14,5 16,5 17,1 18,1 18,3 18,4 23,6 39,3^a 39,3^b 39,3^c 39,4^a 39,4^b 44,2 47,3 47,4 50,2 50,4 73,2 78,1 78,2 93,2 95,5 97,1 98,4 135,4 137,1 146,2 146,3 147,2 150,2 153,1 154,1^a 154,1^b 154,1^c 155,1^a 155,1^b 155,2^a 155,2^b 155,3^a 155,3^b 166,1^a 166,1^b 167,2 168,2 169,4 169,5 169,6 170,2 178,3 180,1 183,2 186 187,1 187,2 199,2^a 199,2^b 206,2

209,1 209,4 252,3 255,1 259 269,2 273,3   289,3 301,2 339,1
339,2 339,3 340,1[a] 340,1[b] 341,1 341,2 342,1 350,2 351,1
(cf. demander; désirer; souhaiter)

   N.B. « querer » n'a pas été traduit aux numéros 277,4 280,4
   281,4 305,3 (forme particulière de l'impératif)

VRAI : *verdadero* 139,2[a] 139,2[b] 143 223 352 (cf. véritable)

VRAIMENT : *verdaderamente* 302,4

TABLE DES MATIÈRES

Exercices Spirituels

Table des matières

Exercices Spirituels

Troisième Semaine

Table des matières

Exercices Spirituels

DANS LA MÊME COLLECTION

Textes

Essais

Biographies — Histoire

13. 14. Hugo RAHNER : *Ignace de Loyola. Correspondance avec les femmes de son temps.*
Traduction de Gervais Dumeige, s.j., et de Frans von Groenendael, s.j.
36. André RAVIER : *Ignace de Loyola fonde la Compagnie de Jésus.*

Études

18. Hervé COATHALEM : *Commentaires du livre des Exercices.*
38. Dominique BERTRAND : *Un Corps pour l'Esprit. Essai sur les Constitutions de la Compagnie de Jésus.*
50. Jean GOUVERNAIRE : *Quand Dieu entre à l'improviste. L'énigme de la consolation sans cause.*

Contemplations

46. Pierre-Jean LABARRIÈRE : *Le feu sur la pierre.* Poèmes.
47. Lao TSEU : *Le livre de la Voie et de la Vertu.*
Traduction et commentaire de Claude Larre, s.j.
54. Egon SENDLER : *L'Icône, image de l'invisible.*
56. Blaise ARMINJON : *La cantate de l'Amour. Lecture suivie du Cantique des Cantiques.*

Le texte espagnol des Exercices Spirituels, dit Autographe, a été établi par le P. Édouard Gueydan et une équipe de collaborateurs. Il est publié dans la même collection, n° 60, sous le titre Texte autographe des Exercices Spirituels et documents contemporains (1526-1615) (*).

Achevé d'imprimer le 10 janvier 1986
sur les presses de Normandie Impression S.A. à Alençon (Orne)
pour le compte des Éditions Desclée de Brouwer
N° d'éditeur : 86-10   Dépôt légal : janvier 1986
N° d'imprimeur : 85-0974

Imprimé en France